本书系国家社科基金项目
"自然灾害引发社会稳定风险链的形成与阻断机制研究"
（13CGL129）研究成果

高恩新 著

灾后风险与危机应对

结构·情感·文化

POST-DISASTER RISK MANAGEMENT

图书在版编目(CIP)数据

灾后风险与危机应对:结构·情感·文化/高恩新著.—北京:北京大学出版社,2021.4

ISBN 978-7-301-32100-3

Ⅰ.①灾… Ⅱ.①高… Ⅲ.①自然灾害—灾区—重建—风险管理—研究—世界 Ⅳ.①D57

中国版本图书馆 CIP 数据核字(2021)第 055622 号

书　　　名	灾后风险与危机应对:结构·情感·文化 ZAIHOU FENGXIAN YU WEIJI YINGDUI: JIEGOU·QINGGAN·WENHUA
著作责任者	高恩新　著
责 任 编 辑	朱梅全
标 准 书 号	ISBN 978-7-301-32100-3
出 版 发 行	北京大学出版社
地　　　址	北京市海淀区成府路 205 号　100871
网　　　址	http://www.pup.cn　新浪微博:@北京大学出版社
电 子 信 箱	sdyy_2005@126.com
电　　　话	邮购部 010-62752015　发行部 010-62750672　编辑部 021-62071998
印 刷 者	河北滦县鑫华书刊印刷厂
经 销 者	新华书店
	730 毫米×980 毫米　16 开本　12.5 印张　162 千字 2021 年 4 月第 1 版　2021 年 4 月第 1 次印刷
定　　　价	52.00 元

未经许可,不得以任何方式复制或抄袭本书之部分或全部内容。
版权所有,侵权必究
举报电话:010-62752024　电子信箱:fd@pup.pku.edu.cn
图书如有印装质量问题,请与出版部联系,电话:010-62756370

前 言

中国是自然灾害高发、多发的国家,每年各类自然灾害造成的直接经济损失高达3000亿元以上。自然灾害不仅仅造成严重的经济损失和人员伤亡,还会引发各种社会风险,尤其是会影响到社会生产生活秩序和社会稳定。从历史上看,自然灾害发生后,流民四起,盗匪横行,对传统的王朝政治统治和社会秩序造成严重破坏,甚至导致王朝灭亡。从现实来看,灾区民众哄抢物资、聚众抗议等各种规模大小不一的集体行动和社会冲突严重冲击了救灾工作和当地社会秩序,既给灾后恢复与重建工作带来较大的影响,又给地方社会稳定和地方政府治理带来严重挑战。可以说,防范自然灾害引发社会风险扩散、妥善处置各类灾区社会矛盾、维护灾区社会稳定已经成为世界各国灾害应急管理的重要工作和关键目标。

自然灾害作为一种外部威胁,需要人类社会集体应对。在自然灾害冲击下,社会成员之间更容易激发出团结感、互助感,闪耀出人性的光辉,以集体的力量来应对自然界的破坏力。在需要集体团结应对外部破坏力的时候,为什么灾区还会发生各种冲突性集体行动呢?本书试图从结构、情感和文化三个角度来解构自然灾害诱发社会风险链的形成过程,构建理解自然灾害社会风险后果的理论框架。本书共包括七章内容:第一章,主要介绍了研究背景、基本研究概念,简要回顾了自然灾害引发冲突性集体行动的研究现状以及本书的研究方法和数据来源;第二章,介绍了本书研究的理论基础,即关于冲突、抗争和群体暴力的已有研究观点和代表性理论;第三章,借鉴因果机制和"链式"结构的概念,提出了自然灾害引发社会风险链的三个关键因素和作用机制的理论框架;第四章,从结构角度揭示了灾民的身份建构和问题化过程,展示了自然灾害对冲突性集体行动过程的主体塑造过程;第五章,从情感角度揭示了灾区灾民群体意识和冲突性集体行动意向的生成过程;第六章,从文化传统和灾民心理角度讨论了灾区冲突性集体行动的文化框架、行动策略问题;第七章,总结了自然灾害情景下社会风险链的形成与演化结构,并从四个方面提出了阻断自然灾害引发社会风险链的管理建议。最后,本书对研究问题进行了理论反思,并对未来研究进行初步展望。

从社会结构的视角来看,灾区民众的集体行动是民众对灾区国家—社会结构和自我身份建构的认知结果。在中国"家国同构"政治传统中,国家对民众承担着巨大的伦理责任,有义务为民众提供生活保障、安全以及稳定的秩序。灾区民众将自己定义为具备社会弱者身份特征的"灾民",通过身份建构确认了国家和官员的"道德责任"。通过"诉苦",灾区民众描绘了自然灾害对个体和家庭的破坏力;通过"问题化",灾区民众将自己遭受的"苦难"与一定的社会结构要素相联系,包括政府救助和权利救济体系、户籍身份等。自然灾害将隐藏在日常生活中的社会结构问题显性化,并通过外部化社会归因与叙事,与灾民所遭遇的困境和苦难建立了联系。灾区民众通过"诉苦"和"问题化"的过程,确认了灾民的"身份",实现了救灾责任的外部化;"诉苦"和"问题化"过程还实现了"社会聚焦",通过灾民的归因和归责过程,将地方政府行为和救灾政策合理性、有效性置于灾害管理问题中心,完成了冲突性集体行动的议题建构。

从社会情感角度来看,灾区民众通过群体情绪聚焦和社会问题聚焦,形成了典型的灾民心理。灾害不仅仅带来个体应激心理障碍,引发悲伤、无助、绝望、攀比、怨恨等个体情绪,而且还容易在社会成员特别是共同遭受灾害影响的民众之间建立群体认同和群体意识。通过个体诉苦所展示的个体苦难历程诱发"道德震撼"和"自我归类"机制,使遭受自然灾害的民众相信"社会群体"的存在,并将自己纳入群体之中。自然灾害催生的情感体验在群体认同形成过程中发挥了"黏合剂"的作用。特别是灾害发生后,灾民长时间没有摆脱生产生活困境和心理创伤,会逐渐引发以政策执行主体为情感表达对象的"弥漫性负面情绪",对救灾、安置和重建政策的不公平感、不满意感和对腐败的痛恨成为增强灾民群体认同、引发冲突性集体行动意向的重要诱因。从道德震撼到自我归类,个体苦难引发的情绪体验与心理压力催生了灾民群体意识,地方政府如果不能及时回应灾民的诉求或者应对不当,会引发冲突。可以说,在自然灾害诱发社会风险的过程中,情感发挥了双向"负反馈"的作用,使少数灾民群体与基层政府容易由于认知固化而陷入冲突之中。

从文化传统的视角来看,中国文化传统塑造了灾民与基层政府的关系。借助于传统文化框架对国家—民众角色的塑造机制,灾民不仅仅凸显了自己经济和政治地位上的"弱者"身份,还强调了道德上的"强者"优势,即以社会弱者地位将自身的集体行动合法化。中国文化传统中国家责任、民众身份以及国家—社会关系不仅塑造了灾民抗争的叙事框架和行动策略,还塑造了灾民的灾后心理预期。"等、靠、要"的观念导致部分灾民缺乏自我主体人格,将摆脱因灾生活困境的希望寄托于国家援助,从而引发了灾后预期与救灾实效之间的紧张。一些灾民缺乏自我主体人格,也使得灾区社会人际关系丧失了平等社会主体之间对话、沟通和协商的空间,激化了生存资源竞争环境下人与人之间的冲突。少数灾民内心的"失序"最终演化为群体性的道德退化,将社会暴露在风险之中。

防范自然灾害社会风险、维护灾区社会稳定、尽快使灾民恢复有序生产生活是灾害管理的核心目标。在救灾、安置和重建的过程中,应该统筹考虑从预期管理、基本生活救助管理、引导管理和社会秩序管理四个方面斩断自然灾害诱发社会风险的能量集聚和扩散过程:

灾后风险与危机应对
结构·情感·文化

首先,要重视对灾民的预期管理。在灾害信息沟通和传播上,应该坚持信息"对称管理":一方面,政府灾情信息沟通应该让灾民及时了解灾害的真实情况,形成比较客观的灾情认知;另一方面,政府、社会媒体应该及时向灾民传达救灾政策、采取的救灾行动、救灾行动面临的难题,让灾民看到国家、社会对灾区的关爱和实际帮助,了解救灾工作的客观困难和制约因素。对称性的信息沟通既不能让灾民灰心丧气、缺乏信心,又不能夸大外部救援能力,导致灾民期望过高,防止灾民形成"高预期、高落差、高不满意度"的情绪反应。各级政府应该正确引导灾民树立"依赖个人、依靠集体,再辅之以必要的政府和社会救助"的思想,改变部分灾民放弃自我主体人格和自救互救责任的倾向,避免形成救助责任外部化的依赖心理。同时,对灾民的不良预期要及时进行干预,综合运用多种手段避免不良灾后预期的传导和扩散。

其次,做好灾民的基本生活救助管理。政府救灾应该注重以基本生活救助为主,通过物资发放或者资金发放解决灾民短时间内面临的生活困难。在对灾民进行救助的过程中,应该积极发挥社会组织和自治组织的作用,避免因物资发放不及时、不公平等问题引发针对基层政府的不满和抱怨。地方政府的救灾工作应该注重引导、鼓励和支持灾民的农业生产、企业生产和市场交易活动,尽快让灾区恢复到灾前的经济秩序之中。在灾民安置工作中,应该尽可能尊重灾民原有的共同体的完整性、小聚居格局。即使是根据特定情况必须集中安置的,也应该积极帮助灾民适应新的生活和工作环境,建立相互支持、相互帮助的网络,形成新的社会支持体系。

再次,注重对灾区社会舆情的引导管理,塑造灾民积极乐观的心态。灾区新闻宣传应该以灾民为中心,真实反映灾民灾后生活的现状、救灾安置情况、生活中的困难、后续灾情发展的预判等问题。通过将灾民放在新闻宣传工作的中心,激发灾民的主人翁意识,引导灾民重新树立自尊、自爱、自强意识。新闻宣传要为灾民提供权威、准确的信息,使灾民能够形成理性判断和良好预期。灾害管理部门应该尽快恢复通信设施，保证灾民能够及时接收到准确信息，将谣言传播空间压缩到最小。

最后，注重社会秩序管理，及时回应可能诱发社会风险问题的各类矛盾和诉求。地方政府应该积极推进灾区各类社会矛盾综合治理改革，推动资源、人员和工作机制下沉到基层社区，更准确了解灾民的利益和情感诉求，并及时作出回应。通过畅通民意表达通道，构建透明、开放、制度化的利益表达和协调机制，有效减少社会矛盾的积累，防止灾区各类社会矛盾激化。灾后管理应该注重基层社区组织、居民自治组织的恢复，让灾民有集体归属感，形成有效的社会控制体系。各级地方政府在应对灾民的群体聚集活动时，应坚持运用好处置日常群体性事件的工作机制，快速介入，做好与聚集群众沟通、说服和疏散工作，坚持慎用警力、慎用强制措施、慎用枪械的原则，防止现场事态恶化。

长期以来，灾害管理研究注重救灾政策过程的研究，对灾民集体行动的研究一直没有给予足够的关注。本书从结构、情感和文化的视角切入，通过构建灾害背景下社会风险链的生成机制，揭示了自然灾害破坏能量向社会的转移过程，有助于弥补已有学术研究的不足。本书的学术价值体现在：（1）解构了自然灾害与灾区社会风险之间因果关系的作用过程和机制，将结构、情感和文化作为转化过程的关键因素，为理解灾民冲突性集体行动提供了基本分析框架；（2）发现了文化传统对灾民集体行动框架和策略的塑造作用。

本书所作研究的现实意义主要体现在两个方面：（1）任何救灾政策在制定过程中都应该考虑到民众的政策感知、情感体验，并基于此来设定救灾和重建政策目标、政策实施手段、政策评价标准。只有考虑到灾民的政策感知、政策预期以及政策评价，才能确保救灾和灾后重建政策获得更广泛的合法性和社会支持，有助于在政策执行主体和政策对象之间构建合作型政策关系。（2）在建构灾害情境下社会风险链形成框架的基础上,本书提出了"预、安、引、断"四字诀,阻断自然灾害负能量向社会风险的转化过程,避免灾区各类社会矛盾的积累和激化。"预、安、引、断"策略有望为各级地方政府优化救灾政策、灾区管理和灾后重建工作提供重要的决策参考。

目　录

第一章　绪论 　001
　　第一节　研究问题：自然灾害与社会风险　003
　　第二节　基本概念　009
　　第三节　研究回顾　013
　　第四节　本书的研究方法　023
　　第五节　数据来源　026

第二章　理解集体行动与社会冲突 　029
　　第一节　社会冲突：概念、诱因与形式　031
　　第二节　集体行动方式选择与转型　035
　　第三节　集体行动的暴力转向　038
　　第四节　集体行动理论适用性　043

第三章　因果机制与链式结构：理解风险转化 　047
　　第一节　社会行为的因果机制　049
　　第二节　科学研究中的链式结构　055
　　第三节　自然灾害社会风险链的理论建构　064

第四章　自然灾害社会风险链的结构要素　073

第一节　当代中国社会结构与集体行动　075

第二节　灾区社会集体行动掠影　094

第三节　灾害的政治化:灾民身份建构与外部归因　104

第五章　自然灾害社会风险链的情感动力　113

第一节　情感与集体行动　115

第二节　灾区民众的情感体验　119

第三节　"负反馈":灾民与基层政府的情感互动　134

第六章　自然灾害社会风险链的文化框架　137

第一节　文化与集体行动　139

第二节　中国灾区民众的文化框架　145

第三节　文化框架对灾区民众集体行动的塑造功能　153

第七章　灾害社会风险链与风险管理　159

第一节　灾害情境下社会风险链的生成逻辑　161

第二节　自然灾害社会风险链的管理对策　165

第三节　本研究不足与展望　174

参考文献　176

第一章
绪 论

第一节
研究问题：自然灾害与社会风险

2019年11月29日下午，中共中央政治局就我国应急管理体系和能力现代化建设进行第十九次集体学习。习近平总书记指出，应急管理是国家治理体系和治理能力的重要组成部分，承担防范化解重大安全风险、及时应对处置各类灾害事故的重要职责，担负保护人民群众生命财产安全和维护社会稳定的重要使命。① 我国是自然灾害频发的国家，党中央、国务院始终高度重视我国应急管理和防灾减灾救灾工作，持续调整和完善灾害应急管理体系，不断提高我国应对自然灾害的能力。当前，中国特色社会主义应急管理体制机制在防灾减灾救灾实践中充分展现出制度优势、组织优势和资源优势，为我国经济社会健康持续发展做出了重大贡献。

然而，我们也必须承认自然灾害仍然是我国公共安全面临的重大挑战之一。人类历史发展过程总是伴随着各种各样的灾害事件，自然灾害成为人类社会生活的基本组成部分。我国疆域广阔，气候多样，传统上以农业生产方式为主，民众因地制宜形成了"小聚居"的基本格局。传统中国的地理、经济和社会特征使得各类自然灾害事件具有更高发生频率和更强的社会破坏力。回顾中国历史，自然灾害既影响了普通民众的安居乐业，又对王朝政治统治的延续和政治稳定产生直接影响。王朝的统治有时因灾而兴，又因灾而亡。可以说，自然灾害及政府防灾减灾救灾实际效果对中国政治统治稳定性和治乱循环周期产生重大影响，甚至成

---

① 《习近平在中央政治局第十九次集体学习时强调 充分发挥我国应急管理体系特色和优势 积极推进我国应急管理体系和能力现代化》，http://www.xinhuanet.com/politics/leaders/2019-11/30/c_1125292909.htm，2020年7月21日访问。

灾后风险与危机应对
结构·情感·文化

为影响政治稳定的关键因素。

　　直到今天,我国仍然是世界上自然灾害最为严重的国家之一。自然灾害种类多,分布地域广,发生频率高,因灾直接经济损失和人员伤亡规模大,灾情复杂,是我国基本国情。自21世纪初开始,作为国家现代化和工业化的后果之一,全球变暖的趋势已经引起世界各国政府的高度关注。全球气候变化对自然灾害的发生带来显著影响,以极端天气为代表的新一轮自然灾害周期已经开始,世界各地已经进入自然灾害多发、高发周期。改革开放以后,随着我国城市化、工业化的快速发展,人类活动尤其是破坏性的人类活动对我国自然环境造成的负面影响正在逐步显现。无节制的围湖造田、开发区建设、城市化、滥伐树木等问题破坏了自然生态平衡,加剧了各类自然灾害事件的破坏力。自20世纪80年代以来,我国的旱灾、水灾、地震、滑坡、泥石流、风暴等灾害事件发生频率、发生规模、影响范围都有所增加,因灾直接经济损失逐年扩大。在20世纪50年代,我国因灾直接经济损失年均476亿元(按照1990年可比价格计算),90年代上升为年均1064亿元。20世纪90年代以后,我国因灾直接经济损失规模明显增加,年均受灾人口3.7亿人,农作物受灾面积49333.3千公顷,因灾倒塌房屋418.2万间,紧急转移安置人口400多万人,因灾直接经济损失超过1000亿元,分别比20世纪80年代同期高出20%、20%、70%、100%、200%。①

　　进入21世纪后,我国因灾直接经济损失规模越来越大,且逐年增加。2008年更是"灾害高发年份",尤其是汶川特大地震造成了巨大经济和人口损失。据统计,2008年全年各类自然灾害共造成约4.7亿人次受灾,死亡88928人,紧急转移安置2682.2万人次;农作物受灾面积39990千公顷,其中绝收面积4032.2千公顷;倒塌房屋1097.8万间;因

---

① 孙绍骋:《中国救灾制度研究》,商务印书馆2004年版,第23—24页。

第一章 绪论

灾直接经济损失高达11752.4亿元。① 2013年,各类自然灾害共造成全国38818.7万人次受灾,1851人死亡,433人失踪,1215万人次紧急转移安置;87.5万间房屋倒塌,770.3万间房屋不同程度损坏;农作物受灾面积31349.8千公顷,其中绝收3844.4千公顷;直接经济损失5808.4亿元。② 2014年,各类自然灾害共造成全国24353.7万人次受灾,1583人死亡,235人失踪,601.7万人次紧急转移安置,298.3万人次需紧急生活救助;45万间房屋倒塌,354.2万间不同程度损坏;农作物受灾面积24890.7千公顷,其中绝收3090.3千公顷;直接经济损失3373.8亿元。③ 2015年,各类自然灾害共造成全国18620.3万人次受灾,819人死亡,148人失踪,644.4万人次紧急转移安置,181.7万人次需紧急生活救助;24.8万间房屋倒塌,250.5万间不同程度损坏;农作物受灾面积21769.8千公顷,其中绝收2232.7千公顷;直接经济损失2704.1亿元。④ 2016年,各类自然灾害共造成全国近1.9亿人次受灾,1432人因灾死亡,274人失踪,1608人因灾住院治疗,910.1万人次紧急转移安置,353.8万人次需紧急生活救助;52.1万间房屋倒塌,334万间不同程度损坏;农作物受灾面积26220千公顷,其中绝收2900千公顷;直接经济损失5032.9亿元。⑤

近年来,我国仍处在灾情多发、高发、损失重的灾害周期内。据民政部核定,2017年,我国各类自然灾害共造成全国1.4亿人次受灾,881人死亡,98人失踪,525.3万人次紧急转移安置,170.2万人次需紧急生活

---

① 《2008年中国各类自然灾害共造成88928人死亡》,http://www.chinanews.com/gn/news/2009/05-22/1704371.shtml,2019年1月21日访问。
② 《民政部国家减灾办发布2013年全国自然灾害基本情况》,http://politics.people.com.cn/n/2014/0104/c70731-24023291.html,2019年1月21日访问。
③ 《民政部国家减灾办发布2014年全国自然灾害基本情况》,http://www.gov.cn/xinwen/2015-01/05/content_2800233.htm,2019年1月21日访问。
④ 《民政部国家减灾办发布2015年全国自然灾害基本情况》,http://www.gov.cn/xinwen/2016-01/11/content_5032082.htm,2019年1月22日访问。
⑤ 《民政部国家减灾办发布2016年全国自然灾害基本情况》,http://www.mca.gov.cn/article/xw/mzyw/201701/20170115002965.shtml,2019年1月22日访问。

救助;15.3万间房屋倒塌,31.2万间严重损坏,126.7万间一般损坏;农作物受灾面积18478.1千公顷,其中绝收1826.7千公顷;直接经济损失3018.7亿元。① 2018年,我国各种自然灾害共造成全国1.3亿人次受灾,589人死亡,46人失踪,524.5万人次紧急转移安置;9.7万间房屋倒塌,23.1万间严重损坏,120.8万间一般损坏;农作物受灾面积20814.3千公顷,其中绝收2585千公顷;直接经济损失2644.6亿元。② 据应急管理部披露,2019年我国各种自然灾害共造成1.3亿人次受灾,909人死亡失踪,528.6万人次紧急转移安置;12.6万间房屋倒塌,28.4万间严重损坏,98.4万间一般损坏;农作物受灾面积19256.9千公顷,其中绝收2802千公顷;直接经济损失3270.9亿元。③从改革开放以来40多年的灾情统计来看,各类自然灾害仍然是我国公共安全的主要挑战之一,对国民经济健康稳定运行和人民群众生命财产安全造成重大威胁和重大破坏(见图1-1)。

　　自然灾害将自然界残酷的一面展现在人类面前,也将人类的各种行为展露无遗。在自然灾害面前,人类既有众志成城、互帮互助、共渡难关的社会"良善",也有乘机发财、趁火打劫的人性"弱点"。政府灾害管理不仅需要应对自然世界的破坏力,还需要应对社会中"人"的破坏力。通常,自然界的破坏力在自然灾害暴发时刻大部分已经"释放",而自然灾害引发的"人"的破坏力才刚刚开始。以唐山大地震为例,在震后废墟上我们不仅看得到解放军战士、救援志愿者和当地民众不顾生命危险救援受灾民众的故事,也会看到有人涌入城市抢粮食,甚至从遇难者身上拿走财物的丑恶行为。④ 2008年5月12日14时28分,四川省阿坝藏族羌

---

① 《民政部国家减灾办发布2017年全国自然灾害基本情况》,http://www.mca.gov.cn/article/xw/mzyw/201802/20180215007709.shtml,2019年1月22日访问。
② 《应急管理部、国家减灾委办公室发布2018年全国自然灾害基本情况》,https://www.mem.gov.cn/xw/zhsgxx/201901/t20190108_242580.shtml,2019年1月22日访问。
③ 杜燕飞:《应急管理部:去年自然灾害导致直接经济损失3270.9亿元》,http://env.people.com.cn/n1/2020/0117/c1010-31553777.html,2020年7月20日访问。
④ 钱钢:《唐山大地震》,当代中国出版社2005年版,第124—126页。

第一章 绪论

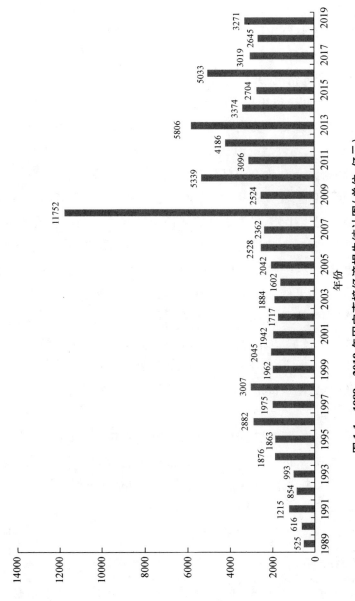

图1-1 1989—2019年因灾直接经济损失统计图（单位：亿元）

注：数据来源于民政部《中国民政统计年鉴》历年自然灾害损失统计报告。

灾后风险与危机应对
结构·情感·文化

族自治州汶川县映秀镇发生里氏 8.0 级特大地震。一方有难,八方支援,党中央、国务院、各级地方政府、社会各界举国同心,全国军民奋力抗震救灾。但是,在地震灾区,一些灾民却哄抢救灾物资。据媒体报道,截至 2008 年 6 月 16 日,中国扶贫基金会在物资发放过程中,因发生了灾民哄抢救灾物资的情况,共计价值 6 万余元物资不知去向。①

自然灾害会直接破坏社会经济系统,危及政府管理能力,如果应对不力,会使政府管理受到挑战。② 灾害不仅造成直接经济损失与大规模人员伤亡,还关系到政治统治秩序、社会稳定和灾区民众对未来的安全预期,进而影响民众对政府的信任与合法性认同。在历史上,救灾不力可能导致饥民四起,民众流离失所,甚至出现啸聚成寇或者揭竿而起的现象。即使在现代社会,灾害也会破坏社会控制体系和政府治理能力,甚至引发社会冲突等。据报道,2010 年海地大地震发生后,大约 4500 名重犯越狱出逃。这些罪犯越狱后不久,海地太子港的暴力事件就开始不断增多,而且逐步升级。这之前,还仅仅是因为灾后初期缺少食品和饮用水,出现过灾民哄抢当地倒塌超市物资的情况。另外,海地当地的一个武器库被暴徒洗劫,至少 5 名当地警察被暴徒打死。③ 从救灾实践的历史和现实来看,政府和社会在积极救灾的同时,如何确保灾区社会秩序、防止灾区社会陷入混乱局面仍然是灾害应急救援和响应工作必须面对的紧迫问题。

在灾害应急救援和响应的过程中,高效的救援与重建工作、防范各类社会风险、维护灾区社会稳定已经成为世界各国自然灾害管理的重要目标。在自然灾害背景下,稍不留意,一个小问题就可能会演变成一场

---

① 王卡拉:《部分救灾物资曾遭哄抢》,http://finance.sina.com.cn/g/20080620/14505006148.shtml,2019 年 2 月 2 日访问。
② 〔法〕魏丕信:《18 世纪中国的官僚制度与荒政》,徐建青译,江苏人民出版社 2003 年版,第 50—59 页。
③ 国宇翔:《海地 4500 名重犯地震后脱逃武器库被暴徒洗劫》,http://news.sina.com.cn/w/2010-01-20/053119503901.shtml,2019 年 2 月 2 日访问。

大规模人群聚集事件,进而引发哄抢物资、群体暴力等社会问题。自然灾害发生后,灾区如果没有和谐、稳定的社会秩序,灾后恢复和重建工作将面临很大困难和复杂问题。自然灾害的破坏"能量"是如何向社会转移的？政府在全力救灾时为何会遭遇民众的不满和集体抗争？哪些因素影响了灾区民众的集体抗争行动？我们需要针对自然灾害情境下民众集体行动的过程和机制进行深入研究,揭示自然灾害社会风险的"显性化"过程与发生机制,找到各种诱发灾区社会风险的因素,从而为自然灾害管理特别是灾后社会安全管理和风险治理提供理论参考。

第二节
基 本 概 念

一、灾害

灾害是指由于自然因素、人为因素或自然因素与人为因素相结合所引发的对人类生命、财产和生存发展环境造成破坏的事件。从系统论的角度来看,灾害是由孕灾环境、致灾因子和承灾体共同组成的地球表层异变系统发展、演化所引起的破坏性事件。从地球表层异变系统演化过程来看,灾害后果(灾情)是这个复杂系统中各子系统之间相互作用的产物。[①] 一个自然事件是否会导致破坏性的后果,根本上取决于孕灾环境、致灾因子与承灾体之间的相互作用关系。在灾害过程构成要素中,承灾体是决定灾害后果的关键因素。常见的承灾体包括建筑、物资、工程、人、机构、社区等物化存在和社会化存在物。承灾体既是致灾因子的作用对象,也决定了致灾因子所产生的破坏性后果的大小。可以说,在

[①] 史培军:《三论灾害研究的理论与实践》,载《自然灾害学报》2002 年第 3 期。

灾害后果演化中,承灾体具有决定性的作用。① 灾害不仅与自然因素异动有关,也与承灾体所处的灾前社会条件有关,诸如经济发展水平、人口分布、阶层结构、族裔、教育水平、政治体系能力等因素很大程度上决定了承灾体遭受损失的可能性与风险结果。灾害是自然与社会互动的结果,特定人群因其所具备的"脆弱性"因素而面临灾害事件。从这个意义上说,自然灾害风险源既可能是"物理的",也可能是"社会的",是客观外部风险与主观内部脆弱性因素交织作用的结果。

二、风险

风险本意上是指人身或者财产遭受损失的可能性。② 从不确定性的角度来看,风险意味着在某一特定环境下、特定时间段内某种损失发生的可能性。最早提出"风险"概念的是美国人海恩斯(John Haynes),他认为"风险"一词意味着损失或损失的可能性。某种行为能否产生有害的后果应以其不确定性而定,如果某种行为具有不确定性,其行为就反映了风险的负担。这一定义反映了风险的两个基本特性,即结果的负面性和发生的可能性。从结构上看,风险是由风险因素、风险事故和风险损失等要素组成的。风险通过一定的途径传达给受到影响的社会成员,从而造成特定的损失。风险作为一种造成不确定损失的可能性,是嵌入在社会之中的因素。任何一种风险都会通过社会结构和社会过程分配、转移到特定的社会个体和群体中。社会中不同的个体面临同一种风险时,由于所处的社会结构位置不同、拥有的资源不同,对风险的承受能力也不同。风险借助于社会结构使得破坏性后果更多集中于特定的弱势群体和个体身上。③ 这些弱势群体和社会个体只能承受加注于他们身上

---

① 史培军:《五论灾害系统研究的理论与实践》,载《自然灾害学报》2009 年第 5 期。
② 〔美〕米切尔·K. 林德尔、卡拉·普拉特、罗纳德·W. 佩里:《应急管理概论》,王宏伟译,中国人民大学出版社 2011 年版,第 61 页。
③ 〔德〕乌尔里希·贝克:《风险社会》,何博闻译,译林出版社 2003 年版,第 25—26 页。

的损害,而没有能力、没有机会去摆脱困境。风险破坏性、风险分配不平等性要求全社会必须通过特定的制度安排来帮助社会中的弱势群体和个体增强承受风险的能力,尽快摆脱风险困境。

三、社会风险

社会风险是指伴随着人类社会行为变化而产生的损害的可能性。社会风险表现为社会成员个体或者群体价值失范、行为失序后所产生的带有一定破坏意义的社会行为。社会风险表现在个体极端行为、群体冲突行为中,如个人或小团体的反常或不可预料的行为所致的盗窃、抢劫、罢工、杀人、自杀等行为。最高形式的社会风险是政治风险,即政治反抗行为。社会风险表明社会结构和社会过程的内在缺陷,也是社会结构变迁的主要推动力量。

四、社会稳定

从系统论的角度来说,稳定是一种系统的均衡状态。任何系统都是在稳定—不稳定—重新稳定的状态之间转换的,从而实现系统与外部环境、系统内部要素之间的动态平衡。政治系统、社会系统都需要一个相对稳定的秩序,从而能够保障政治生活、社会生活的顺利运行。与自然系统的稳定相似,社会稳定实际上是一个"相对稳定"状态,即任何扰动因素最低程度地破坏了正常的生产、生活秩序,最低程度地影响了社会成员的安全感知。因此,社会稳定很大程度上是一种心理和认知意义上的判断。我们从不同角度可以对社会稳定形成不同的认识:从政治统治的角度看,社会稳定是指社会成员对社会主流思想和主导性规范的认同与服从,政治权力体系不会遭受扰动和破坏;从社会系统的角度看,社会稳定是指社会发展过程中呈现出来的一种相对协调的可控状态,一种社会矛盾与冲突解决后社会的有序状态。从广义的角度看,可以将社会稳定理解为社会各构成部分关系协调、生产生活运行正常、社会治安秩序良好等状态;从狭义的角度看,社会稳定是与社会动乱相对应的,它主要是指政治体系、社会系统对于社会矛盾的变化具有较强的调适功能,能及时化解社会内在张力与冲突,有效控制各类社会矛盾不至于激化为骚乱、动乱。总之,社会稳定状态主要表现为社会结构的有序性、社会行为的规范性、社会运行的常态性、社会政策的连续性、社会基本价值观念的认同性、社会成员的心理共识与社会控制的有效性等。① 本书认为,社会稳定是指社会政治、经济、生活、秩序处在一种相对均衡状态,此时社会各系统能够正常运行,社会成员普遍拥有安全感。社会不稳定则凸显各种破坏正常的生产、生活秩序的事件,这些事件可能会对特定区域、特定部门的社会稳定状态造成干扰和破坏。可以说,社会不稳定是"因",社会稳定是"果",二者之间存在密切联系。

五、社会稳定风险

近年来,"社会稳定风险"已经成为社会科学尤其是公共政策、应急管理研究领域的一个重要概念。社会稳定风险是指因政策缺乏合理性以及社会利益纠纷、社会矛盾没有得到有效化解等原因引发的、危及社会正常生产和生活秩序、可能诱发各类群体性事件的风险因素。社会稳定风险排查、社会稳定风险评估已经成为新时代社会治理创新的重要内容之一。党的十八大报告提出,要建立健全重大决策社会稳定风险评估机制,这对于促进科学决策、民主决策、依法决策,从源头上预防和化解社会矛盾意义重大。② 通过建立健全重大决策社会稳定风险评估机制,把维护社会稳定的关口前移,是加强和创新社会治理的新思路。经过科学评估,按照重大决策、重大工程实施后可能对社会稳定造成的影响程度判断风险等级,确定包括高风险、中风险、低风险的风险等级,再分别

---

① 谢志强:《社会稳定与社会发展》,载《党校科研信息》1991 年第 17 期。
② 《为什么要建立健全重大决策社会稳定风险评估机制?》,http://theory.people.com.cn/n/2013/0218/c40531-20514783.html,2019 年 2 月 3 日访问。

提出相应的预防措施、补偿政策,防范可能引发的社会稳定风险。在重大工程、重大项目、重大决策实施过程中,评估后凡是认为存在高风险的,应当区别情况作出不实施的决策,或者调整决策方案、降低风险等级后再予以实施;评估后发现存在中风险的,待采取有效的防范、化解风险措施后再实施;如果评估后发现该项目或者工程存在低风险,可以作出实施的决策,但要做好解释说服工作,妥善处理相关群众的合理诉求。① 应该承认,通过事前评估社会稳定风险,重大决策、重大工程、重大项目的实施有效降低了运行成本,确保了各项政策、方案能够得到利益相关者的认同,各项目标能够有效实现。

第三节
研究回顾

中国是历史悠久的农业大国,小农经济的生产模式是社会主要经济形态,整个社会生产力水平相对偏低,抵御自然灾害能力弱。中国历史上发生的自然灾害之多,世间罕有。邓云特在《中国救荒史》中说,中国自公元前18世纪以来的三千多年间,几乎年年有灾荒。② 在中国历史上,以水、旱、蝗、震、疫为主的各类自然灾害频发,不仅造成严重的经济损失,还使广大贫苦民众食不果腹、流离失所,破坏了社会生产生活秩序和政治统治秩序,严重时危及王朝的政治安全。在自给自足时代,民众依靠个体和家族力量应对自然灾害的能力非常有限,中央集权的国家依赖于完备的官僚组织、集中使用财政能力的优势,在防灾、救灾活动中起到重要的作用。③ 在灾害面前,从中央到地方政府,特别是地方官员能否

---

① 唐钧:《社会稳定风险评估与管理》,北京大学出版社2015年版,第190—193页。
② 邓云特:《中国救荒史》,商务印书馆2011年版,第7页。
③ 阎守诚:《自然灾害与中国古代社会的治乱》,载《光明日报》2006年6月12日。

灾后风险与危机应对
结构·情感·文化

负起救灾的职责,及时、有效地救济和安置灾民,使他们能够维持基本生活,继续从事生产,对于国家政权的稳定具有重要的意义。纵观两千多年有文字记载的灾害历史,自然灾害对社会的冲击和影响成为国家与社会面对的重要议题,在救灾思想、救灾政策、救灾实践上都为后世积累了丰富的经验和资源。

在农业时代,自然灾害发生后,民变或者说农民起义等都是灾区社会会发生的问题。民变可泛指灾害背景下受灾民众为追求自身权益而集体采取的行为,包括灾害导致的民变和灾害助推的民变。历史上,这类行为的参与主体是以农民为主的社会成员。民变的出发点是希望改善生存条件,行动方式上可以是暴力的,也可以是非暴力的。[1] 近代以来,尽管社会生产力水平取得很大进步,但自然灾害引发的民变事件仍然是影响社会稳定的首要问题。据统计,仅仅清末十年(1902—1911年),全国便发生了1028起民变事件。[2] 可以说,民变问题已经成为灾害历史、灾害政治、灾害研究乃至历朝历代政治统治必须面对的重要社会问题,直接关系到社会生产生活秩序和王朝政治的延续,是中国历史学研究、政治学研究等学科不可回避的问题。

一、关于灾害的研究

中华人民共和国成立以来,学界对中国灾害和灾害历史问题的研究主要集中在三个方面:灾害来源或起因、灾害史与荒政问题。

从当前研究来看,对灾害来源或者起因的研究主要集中在两个方面:基于自然因素的分析和基于灾害认知体系的分析。基于自然因素的分析重点研究中国古代灾害发生与特定的自然运行周期之间的关系,如

---

[1] 付燕鸿:《1940年代"中原大灾荒"中的民变研究》,载《福建论坛(人文社会科学版)》2016年第4期。
[2] 杜涛:《清末十年民变研究述评》,载《福建论坛(人文社会科学版)》2004年第7期。

第一章
绪论

太阳黑子的活动对灾害类型的影响、宏观气候变化中的灾害周期问题、人类活动对环境破坏的后果等。① 基于灾害认知体系的分析则重点研究秦汉时期的灾害观，如董仲舒提出的"灾异象说"，即从天人合一的观念出发，认为灾害源于国家"为政之失"。以董仲舒为代表的儒家认为灾害起源于上天对国家失政进行的提醒、畏恐、惩罚："凡灾异之本，尽生于国家之失。国家之失乃始萌芽，而天出灾害以谴告之；谴告之而不知变，乃见怪异以惊骇之；惊骇之尚不知畏恐，其殃咎乃至。"(《春秋繁露》)

对中国古代灾害史的研究则从整体或者断代的角度分析了不同时期灾害发生的时间、地域、影响等问题，并在此基础上提出了中国古代灾害发生周期规律、空间分布规律以及灾害种类与空间匹配规律。②

传统中国演化出复杂的救灾政策体系，历史学家对历代政府减灾、救灾、弥灾政策体系进行了系统的研究，荒政的构成、政策有效性以及不同朝代荒政内容的演变成为研究的主要内容。卜风贤分析了周秦汉晋时期的灾害认知、减灾方略，提出"禳灾与减灾"并存的荒政结构。③ 阎守诚则从皇室与官员、中央与地方互动的角度分析了唐代救灾政策以及救灾过程中中央与地方、政府与社会的关系。④ 陈桦、刘宗志则以清代为研究重点梳理了中国封建时代灾害应对中的社会救助活动，特别是民间

---

① 这方面的研究成果如：竺可桢：《中国近五千年来气候变迁的初步研究》，载《中国科学》1973年第2期；翟乾祥：《清代气候变动对农业生产的影响》，载《古今农业》1989年第1期；陈家其：《明清时期气候变化对太湖流域农业经济的影响》，载《中国农史》1991年第3期；邹逸麟：《明清时期北部农牧过渡带的推移和气候寒暖变化》，载《复旦学报》1995年第1期等。

② 宋正海总主编：《中国古代重大自然灾害和异常年表总集》，广东教育出版社1992年版；中国人民保险公司、北京师范大学主编：《中国自然灾害地图集》，科学出版社1992年版。

③ 卜风贤：《周秦汉晋时期农业灾害和农业减灾方略研究》，中国社会科学出版社2006年版，第138—168页。

④ 阎守诚主编：《危机与应对：自然灾害与唐代社会》，人民出版社2008年版，"绪论"第5页。

士绅、工商业力量在救灾中的作用。① 很多研究者强调国家救灾不力是社会动乱的直接原因,但法国汉学家魏丕信(Pierre-Etienne Will)的研究表明中国发展了一套成熟的、制度化的救灾体制,通常能够卓有成效地应对自然灾害带来的挑战。② 他由此提出中国官僚政治的成熟性、组织化以及技术进化问题,突出强调了官员对儒家伦理道德的信仰和认知内化在救灾行动中的约束、激励作用,认为这是中国传统官僚体系在救灾过程中高效运转的关键原因。

二、自然灾害社会后果的研究

中国历史上,因自然灾害引发民众抗争现象经常会出现。在明代以前,官方正史记载中多用"叛""逆""乱""匪"等字指代灾区民众的各种抗争活动。"民变"概念最早从何而来,目前已难以考证。不过在官方修订的正史中,自《明史》开始已有不少关于"民变"的记载,《清史稿》中有关"民变"的记载也很多见。但在这些正式记载中,民变主要是指民众抗税、抗捐、抗欺压、罢市等活动,与农民起义之类的活动不同。③ 近代关于民变的研究不多,部分学者考察了明末"奴变",但未使用"民变"这一概念。李文治的《晚明民变》则是近代少见的以"民变"为题的著述,主要研究晚明时期的农民起义。④ 中华人民共和国成立后到20世纪80年代,学界对民众抗争活动的论述较少使用"民变"的概念,更多是从阶级分析的视角将民众的各种抗争活动称为"农民起义"。80年代后,随着中外学术交流的拓展,"农民起义""叛乱""骚乱""集体行动""抗争"等

---

① 陈桦、刘宗志:《救灾与济贫:中国封建时代的社会救助活动(1750—1911)》,中国人民大学出版社2005年版,第453—495页。
② 〔法〕魏丕信:《十八世纪中国的官僚制度与荒政》,徐建青译,江苏人民出版社2006年版,"导论"第7—14页。
③ 杜涛:《清末十年民变研究述评》,载《福建论坛(人文社会科学版)》2004年第7期。
④ 李文治:《晚明民变》,中国电影出版社2014年版。

第一章
绪论

来源于政治学、社会学的概念被广泛引进,将历史和现实中的民众反抗政府和政权的行动统统纳入抗争政治范畴之中。

1. 民变的概念界定

陈旭麓先生认为,"民变是下层群众用直接诉诸行动的方式以表达自己对现存社会的不满和反抗,是中国社会内在矛盾激化的产物";"与革命相比,民变具有自发性、分散性和落后性,因此二者并不相同"①。付燕鸿认为,民变可泛指民众为追求自身权益而集体采取的行为。历史上,这类行为的参与主体是以农民为主的各阶层劳动群众,民变的出发点是希望改善生存条件,行动方式上可以是暴力的,也可以是非暴力的群体抗争活动。② 杜涛认为,就概念而言,对"民变"一词的理解不能过于宽泛,而应当只是作为体制内的反抗斗争。由此,秘密社会活动、农民起义、资产阶级组织的武装斗争、兵变、土匪的活动等就不能纳入清末民变的研究范畴。③

2. 民变发生原因的探讨

对于民变发生的原因,学者们有不同的解释。王天有认为,明代矿监税吏的危害激化了官民之间的矛盾,引起民变。他借助于明代后期的民变事件分析了东林党和生员支持或参加民变的原因。④ 陈旭麓认为,清末民变大都是清王朝为筹集新政费用摊派捐税而引起的。⑤ 杨湘容则

---

① 陈旭麓:《陈旭麓文集(第一卷)》,华东师范大学出版社1996年版,第456页。
② 付燕鸿:《1940年代"中原大灾荒"中的民变研究》,载《福建论坛(人文社会科学版)》2016年第4期。
③ 杜涛:《清末民变研究初论》,中国社会科学院研究生院2005年硕士学位论文,第4—5页。
④ 王天有:《万历天启时期的市民斗争和东林党议》,载《北京大学学报(哲学社会科学版)》1984年第2期。
⑤ 陈旭麓:《陈旭麓文集(第一卷)》,华东师范大学出版社1996年版,第457—465页。

把清末民变发生原因归纳为帝国主义的入侵、人祸(清政府荒政的废弛)加深天灾的破坏性作用以及清朝统治的衰落等。① 美国著名中国问题研究学者周锡瑞(Joseph W. Esherick)则从新政产生的消极影响如清政府滥征苛捐杂税、乡村迷信旧俗受到冲击、民众自身利益受损等方面分析民变发生的原因。② 除了从单一要素分析民变发生原因之外,一些研究者也开始尝试多视角的分析,认为民变是多种因素复合作用的结果。例如,田锋认为晚清内蒙古地区民变是清政府的残酷剥削与压迫、频繁的自然灾害的毁灭性打击以及农牧民群众对死亡威胁的普遍恐惧等诸多因素相互作用的合力结果。③

3. 区域性民变研究

区域性民变研究是基于区域史研究视角对某一区域民变事件的发生原因、过程、结果、历史影响等问题的研究,以区域特性、特色立足。该研究方向除了追求某一地区的特性以外,也不忽视与其他区域的共性和差异,并为整体民变史的解释作出较大的努力。近几年,区域性的民变研究主要有:邵晓芙对浙江民变进行了比较深入的研究,并出版了专著《辛亥革命前十年间浙江民变问题研究》;④唐光蕾针对晚明时期发生在苏州地区的民变事件进行了研究;⑤田锋对晚清时期内蒙古地区的民变展开了研究;⑥张梅芳对1911年苏州水灾及民变进行了评述;⑦张涛聚

---

① 杨湘容:《辛亥革命前十年间民变研究》,湖南师范大学2010年博士学位论文。
② 〔美〕周锡瑞:《改良与革命——辛亥革命在两湖》,杨慎之译,江苏人民出版社2007年版,"绪论"第2—9页。
③ 田锋:《晚清内蒙古地区民变诱因探析》,载《内蒙古社会科学(汉文版)》2014年第3期。
④ 邵晓芙:《辛亥革命前十年间浙江民变问题研究》,中国社会科学出版社2011年版。
⑤ 唐光蕾:《晚明苏州民变初探》,东北师范大学2011年硕士学位论文。
⑥ 田锋:《晚清内蒙古地区民变诱因探析》,载《内蒙古社会科学(汉文版)》2014年第3期。
⑦ 张梅芳:《1911年苏州水灾及民变述评》,载《兰台世界》2013年第27期。

焦于明代广西府江地区民变的状况、特点及原因进行了分析;①刘振华对近代南阳盆地社会变迁中的民变进行了研究。② 这些特定区域民变事件的研究对理解区域社会变迁、区域历史逻辑以及区域政治事件提供了深度个案观察和系统分析,成为区域社会史的重要构成部分。

4. 民变事件个案研究

民变事件个案研究方面,乔桂英对引发北魏六镇起义的气候因素进行了分析;③李红娟透过清末民初晋东南地区"干草会"事件的评价揭示了当时复杂的地方社会矛盾与现实状况;④杨湘容讨论了1910年的莱阳抗捐抗税运动和长沙抢米风潮;⑤李细珠从地方督抚对地方社会控制的角度深入研究了清末长沙抢米风潮;⑥张国波聚焦于甘南民变并深入探究其失败原因;⑦王小静研究了1942—1943年的河南灾荒及其引发的民变事件。⑧ 针对近代以来特别是晚清时期民变事件的个案研究是民变研究常用的研究方法,因为时间较近,资料获取较便利,研究成果最为丰富,也为本研究提供了有益参考。

三、灾害与农民起义关系的研究

在灾害研究、历史研究中,有时候也用"灾变"的概念来指代灾害背

---

① 张涛:《明代广西府江地区民变研究》,中南民族大学2011年硕士学位论文。
② 刘振华:《被边缘化的腹地:近代南阳盆地社会变迁研究(1906—1937)》,南京大学2011年博士学位论文。
③ 乔桂英:《六镇起义的气候因素探析》,载《重庆第二师范学院学报》2016年第2期。
④ 李红娟:《清末民初晋东南地区干草会事件研究》,山西大学2011年硕士学位论文。
⑤ 杨湘容:《辛亥革命前十年间民变研究》,湖南师范大学2010年博士学位论文。
⑥ 李细珠:《地方督抚与清末新政》,社会科学文献出版社2012年版,第242—281页。
⑦ 张国波:《甘南民变及失败原因探析》,西北师范大学2016年硕士学位论文。
⑧ 王小静:《1942—1943年河南灾荒研究》,山东师范大学2006年硕士学位论文。

灾后风险与危机应对
结构·情感·文化

景下的民变或农民起义等社会事件。关于灾变的研究主要是探讨自然灾害与农民起义的关系。在探究自然灾害与农民起义关系的研究中,主要有以下三种观点:

第一种观点认为农民起义与灾害密切相关。中国历史上多次发生的农民起义,无论其范围的大小或时间的久暂,实无一不以荒年为背景。① 例如,西汉新莽末年农民起义的爆发是社会遭受连年自然灾害后发生的;东汉时期黄巾起义也是东汉后期自然灾害的一个反映。隋末农民起义爆发的 611 年,山东地区发生大水灾,四十多个郡有三十多个被大水淹没,绝大多数的农民无衣无食,遂啸聚山林反抗隋朝统治。唐代后期农民起义爆发与关东地区发生大旱灾密切相关。元末天灾不断,人民生活困苦不堪,在安徽、江苏、河南等地出现了数百万流民,为朱元璋等人领导的抗元斗争提供了坚实的社会基础。明末连续发生多年重大灾害,首先爆发农民起义的陕北地区终年无雨,赤地千里,草木皆枯。1638—1641 年(崇祯十一年至十四年),南北两京、山东、河南、陕西等地连续四年遭受"大旱""大旱蝗",这一时期农民军节节胜利,逐渐威胁到北京的安全。从长时段历史来看,中国历史上每次自然灾害后,或者在自然灾害特别严重的地区,总是会爆发区域性的或遍及全国的农民起义。

第二种观点认为自然灾害并不会直接导致农民起义,关键取决于政府赈灾的实际效果。自然灾害并不一定会引发民变,即使是产生了民变,通过高效赈灾机制和合理的赈灾措施,也可以尽可能降低损失,维护社会稳定。灾害发生频率较高的南宋中期却是民变爆发的低潮期。南宋救荒之议层出不穷,救荒措施也渐趋完善,许多救荒之策还有了制度上的保证。赈灾对农民起义的抑制作用非常明显,自然灾害在更多的情况下只是起到导火索的作用,不是诱发民变的直接原因。②

---

① 邓云特:《中国救荒史》,商务印书馆 2011 年版,第 115 页。
② 黄冠佳、温思美:《自然灾害、人口压力与清代农民起义》,载《华南农业大学学报(社会科学版)》2018 年第 5 期。

第三种观点基于研究某一种灾害对社会稳定的影响,认为总体上旱灾对农民起义爆发有较为显著的促进作用,但在清朝初期旱灾却发挥了抑制农民抗争活动的作用。在考虑政府灾荒政策的作用后,研究指出,历史上发生的霜冻灾害会更容易触发农民的反抗行动。此外,还有学者通过计量分析验证民变与自然灾害和社会人口、经济要素的关系。研究发现,对饥荒的有效赈灾能显著地降低农民起义的发生概率,人口数量对农民起义的作用显著为正,人口增殖率对农民起义的作用显著为负,而米价指数对农民起义的影响作用不显著。①

四、对已有研究的简单评价

中国历史悠久,灾害高发、多发,政治统治秩序经常受到民变或农民起义的冲击。无论历代王朝典籍、经典文献还是普通士大夫的个人记载,都有许多有关灾害、灾荒、救灾以及安民的思想、政策与措施方面的内容。这些经典文献、策论和记载为我们留下了丰富的史料、深邃的思想以及富有启示意义的政策文本。无论是在历史学界还是在社会学界,对灾害、灾荒以及灾变的研究都已经积累了丰富的成果,为后人理解自然灾害与民众抗争行为的关系提供了知识基础。但是,从现有的研究状况来看,还需要关注以下三个问题:

第一,自然灾害并不必然诱发民众的抗争行为,那么二者之间的关系是什么?长期以来,无论是历史研究还是政治研究,在关于灾害研究中重结果轻过程的倾向比较普遍。一方面,历史研究、政治研究传统上注重宏观结构要素而忽视微观要素,更关注王朝更替的宏大叙事,揭示灾害与王朝政治统治稳定和延续之间的关系;另一方面,历史记载更多源于官方文献,缺乏对具体事实、过程的详细描述,很难解释自然灾害诱发民众抗争行为的微观过程。历史学、社会学学科知识框架和研究方法

---

① 黄冠佳、温思美:《自然灾害、人口压力与清代农民起义》,载《华南农业大学学报(社会科学版)》2018年第5期。

的限制导致当前有关灾害与民众抗争行为的研究过于重结果轻过程、重宏观轻微观，无法提供更加生动的灾害背景下民众抗争过程图景。

第二，研究中将"政府"置于中心，更多关注荒政体系和实施效果，缺乏对抗争行为主体即民众的深入研究。灾害史、农民起义史的研究侧重于对灾情、破坏性后果、发生规律的研究，甚至将诱发社会动乱的因素放在两个相互独立的因素上，即自然灾害的灾情大小与官僚体系的有效与否。有关灾害、灾变的研究固然呈现了灾害的历史图景以及当时的政治体系运行情况，但忽视了连接二者的一个重要因素：灾民。即使有对灾民流离失所的描述，也缺乏对灾民观念、情感、文化以及行为的微观分析。

第三，无论是历史研究还是社会史研究，往往关注于灾害、灾变相关的某个因素，缺乏整合的视野和分析框架。诸如从区域、官僚体系、政策、民众的文化传统等单一角度的分析为我们揭示了某个要素在社会过程中的作用，但是这些要素之间如何发挥作用、它们之间的相互关系对民众抗争行为产生了什么影响并没有得到系统研究。因此，有关灾害与民众抗争行为的研究整体上呈现"碎片化"的状态，没有形成一个统一的框架。

基于此，在吸纳现有研究成果的基础上，本书力图通过"链式"结构的概念建立一个自然灾害诱发社会风险事件的转化模型。这一转化模型将结构、情感与文化结合起来，以灾害诱发社会风险事件的行动主体——灾民为核心，通过分析行动主体所处的社会结构如何引起社会对立、灾害催生灾民群体产生何种情感、情感体验如何形成群体认同进而生成抗争意向来构建自然灾害诱发社会风险的结构模型。这一转变过程必须置于中国民众的文化信仰体系之中，国家与个体的关系、平均主义思想以及弱者的"自我矮化"等文化传统和文化框架会塑造灾民的观念和行为，决定他们在灾害情景中的认知和行动。只有将结构、情感和文化结合起来，我们才能更准确地认识自然灾害诱发社会风险事件的复杂、动态的过程，揭开自然灾害破坏力向社会传导的机制。

第四节
本书的研究方法

一、案例研究法

案例研究法是社会科学主要的研究方法之一。案例研究是指借助于直接与研究对象接触或者查阅资料等形式，对一个人、一起事件、一个社会集团或一个社区所进行的深入研究。① 通过对个体或者群体的特定分析，案例研究能够实现从具体经验事实走向一般理论的研究过程。案例研究者借助于多种收集数据和资料的技术与手段，通过对特定研究对象(个人、团体、组织、社区等)遭遇的某些重要事件、决策、行为以及社会后果的背景、过程进行深入的挖掘、描述与系统的分析，全面呈现特定社会行动过程的真实面貌和丰富背景，在此基础上进行分析、解释、判断、评价或者预测和构建模型。② 案例研究作为一种研究方法，涵盖了研究设计、资料收集技术以及具体的资料分析手段，是经由系统化的资料收集与分析，以发掘与发展已验证过的理论。一般认为案例研究法是一种运用历史数据、档案材料、访谈、观察等方法收集数据，并运用可靠技术对一起事件进行分析，从而得出带有普遍性结论的研究方法。③ 当然，对案例研究法也有不同的观点。案例研究法的批评者认为，通过独特样本的案例研究，对个体与特定情境或者环境的互动现象的描述和分析，抽象出一个特定理论假说，并不具有普遍推广的意义。而支持者则认为，

---

① 风笑天：《社会学研究方法(第二版)》，中国人民大学出版社2005年版，第249页。
② 王金红：《案例研究法及其相关学术规范》，载《同济大学学报(社会科学版)》2007年第3期。
③ 张梦中、[美]马克·霍哲：《案例研究方法论》，载《中国行政管理》2002年第1期。

案例研究法作为一种运用归纳逻辑的研究方法,具有科学性。案例研究法最明显的长处是具有深入、全面的特点,能够抽象出一些有价值的命题,或者提出一些具有更深理论意义的研究课题,为后继研究提供一些有启发性的思路和有价值的研究方向。[①] 研究者只要注重结合历史资料、现场资料,确保资料的全面性和可靠性,再借助于科学的分析归纳过程,就能够明显改进理论的适用性和普遍意义。本书结合汶川地震、橡木水灾、南山岛台风灾害中社会冲突事件的案例研究,揭示自然灾害诱发社会风险链的形成过程、链式结构,由此形成具有理论价值的框架,以便加深对灾害背景下社会风险后果的理解。

二、过程—事件分析法

在解释社会现象的过程中,结构(或制度)与行动(或个体行动者)何者更为基本,实际上也就是它们中何者能够令人更为深入地理解人类群体生活的基本秩序问题,一直存在着争议和分歧。[②] 过程—事件分析法恰恰能将上述两种不同的分析视角有机地结合起来。[③] 一方面,通过探讨"事件",找出关键因素在结构上的"不可见性",即在行动者采取行动策略的时候,哪些结构性的要素支持或者限制了他的行动选择;另一方面,"过程"作为一个独立的变量,是如何发生和演化的,在这些变化的背后存在什么机制,可以勾画出不同要素之间的作用过程和模式。

常用的过程—事件分析法是"过程追踪法"。研究者可以借助于"追踪过程"来分析案例发生与演变过程,以便验证模型或框架。所谓"过程

[①] 风笑天:《社会学研究方法(第二版)》,中国人民大学出版社2005年版,第249页。

[②] 张静:《基层政权:乡村制度诸问题(增订本)》,上海人民出版社2007年版,第10页。

[③] 孙立平:《"过程—事件分析"与中国农村中的国家—农民关系的实践形态》,载孔志国编:《信任的危机——中国当代社会热点问题十三讲》,团结出版社2003年版,第156—180页。

第一章
绪论

追踪",就是研究者通过考察案例的初始条件如何转化为案例结果来探究系列事件或决策的过程。[①] 研究者将连接自变量与结果的因果联系的环节解开,分成更小的步骤,然后探寻每一个环节的可观察证据。[②] "过程追踪"通常提供的是对理论或分析框架的"强检验"。研究者的理论是否有效?它是如何起作用的?即使是单个的案例研究,也能够给出清晰的答案。这里有两个问题必须注意:首先,必须发现理论或者分析框架存在的前提条件,即案例所包含的自变量和结果之间的因果联系之所以存在或发生作用的宏观环境;其次,案例的选择会影响到研究的过程和结果。人们在选取案例时,可能会选择具有平均或者典型背景条件的案例,以便使在这些案例中检验的理论更具有推广性。

三、访谈法

社会科学的研究者经常使用访谈法来研究社会现象,从而寻求理论解释。访谈法已经被越来越多的研究者用于对某个社会现象、社会事件的关键要素进行描述、解释和理论建构的过程之中。一般来说,访谈法是指研究者希望通过与关键人、关键事件目击者或者亲历者的交流和谈话来发现影响研究主题或者解释研究对象的因素。有的研究者会采用"结构化"访谈,有的研究者则会采用"无结构"访谈。前者会设定问题或者表格,按照固定的内容、顺序与所有访谈对象进行谈话或者交流;后者更多会采用围绕主题自由交流的形式,访谈不设定任何题目,通过自由发问、互相发问甚至讨论来揭示问题或者事件的发展过程与影响要素。也有研究者结合上述两种形式,通过"半结构化"访谈实施调查研究。"半结构化"访谈能够既不偏离研究主题,又相对具有开放性,不限

[①] Alexander George & Timothy McKeown, Case Studies and Theories of Organizational Decision Making, in Robert Coulam & Richard Smith (eds.), *Advances in Information Processing in Organizations: A Research Annual*, Vol. 2, JAI Press, 1985, pp. 34–41.

[②] 〔美〕斯蒂芬·范埃弗拉:《政治学研究方法指南》,陈琪译,北京大学出版社2006年版,第61页。

制受访人表达自己的思考和想法,已经成为社会科学质性研究的主要方法之一。① 本书通过对不同冲突事件当事人、旁观者、基层政府官员的深度访谈,力图还原冲突事件的发生过程、推动因素,从而更加系统、全面地描述和分析自然灾害社会风险链的形成、扩散和激化过程。

第五节　数据来源

一、实证调研数据

数据是社会科学研究的基础。一般来说,数据是指未经过处理的原始记录。数据可以是视频资料,可以是文字记载,可以是一堆报纸或者杂志,也可以是一本病例或者日记。为了分析灾害情境中的社会风险链的形成过程,笔者带领的研究团队分别于 2012 年 8 月、2014 年 7 月、2017 年 2 月赴四川汶川震区 A 县、浙江橡木市 B 镇、广西东海市南山岛镇调研灾区救灾和重建情况。② 在调研过程中,研究团队访谈了地方政府应急办、公安局、基层政府负责人、村委会成员、村民等机构和个人,重点调研了灾区救灾和维稳工作情况。在调研期间,研究团队通过座谈会、入户访谈、实地考察等形式与基层政府工作人员、村支书、村民等进行了深入的交流。在三次调研中,共计召开座谈会 6 场,访谈政府基层工作人员 40 多人,入户访谈 30 多户。

二、图片、视频等影像资料

要研究灾区内部的社会风险事件,借助于社会不稳定事件发生时的

---

① 杨善华、孙飞宇:《作为意义探究的深度访谈》,载《社会学研究》2005 年第 5 期。
② 根据研究需要,本书涉及的地名、人名均进行了匿名化处理。

视频或者录像资料,分析事件发生过程,对情景的记录、重建与观察是客观、全面获取数据的有效方法。近年来,随着移动通信工具的普及以及越来越多的互联网视频平台的出现,有关社会风险事件尤其是群体抗争事件的现场视频更容易获取。事件的参与者、旁观者有意识或者无意识地将事发现场的视频资料上传到互联网平台,或者地方政府部门通过摄像、保安系统等工具记录的现场情况,或者专业的媒体工作者及摄影师的录制作品,都能够更好地呈现事件现场。这些资料和信息为研究者提供了丰富的观察、分析的机会。可以说,现代社会的录像革命让我们能够前所未有地得到有关暴力或者冲突情景的信息。① 通过观看这些影像资料,研究者能够重建历史和社会事件的发生现场,客观记录当事人在现场的语言、动作和情绪,从而分析灾害情境下社会抗争行为激化的影响因素、作用过程和社会后果,更好地建构灾害情境下社会风险的生成模型。在研究过程中,研究团队收集了大量的自然灾害背景下社会抗争事件的电子文档、现场图片、现场录像等资料,基于此可以更好地捕捉事件中的灾民情绪等要素在灾区社会风险转化过程中的作用。

三、二手数据

尽管当代社会科学研究越来越强调通过实证调研手段获取的一手数据在科学研究中的重要性,但是实际上研究者也普遍采用二手数据进行分析。二手数据是指他人或者机构收集的数据。二手数据在社会中普遍存在,研究者通过公开的信息或者公共平台可以方便地获取二手数据,而不是直接与研究对象进行接触。二手数据获取成本低,数据生成者高度道德自律能够保障数据质量,这些优点使得很多经济学、公共管

---

① 〔美〕兰德尔·柯林斯:《暴力:一种微观社会学理论》,刘冉译,北京大学出版社2016年版,第6页。

理、公共政策领域的研究者更愿意采用二手数据开展研究计划。① 有些研究者注意到二手数据使用中存在的问题,如数据的真实性、数据清洗的难度、数据被多次重复使用等,但更多的研究者承认二手数据的价值。"二手数据确如金矿,只不过丰富而珍贵的二手数据大多是以'矿石'的形式存在着,它等待着有心人去探索、识别和开发。研究者要像淘金者一样去'淘'。虽说'淘'金的过程并不容易,但终归比问卷调研更能做到自主可控。"②本书使用的二手数据包括法院判决书、公开出版的有关灾区政府救灾和重建工作的图书、博客、微博和个人回忆等。这些二手数据资料包含了灾区民众抗争事件发生的过程、关键人物、情景、结果等信息。通过对这些二手数据资料的分析,能够补充、完善本书对灾害情境下社会风险链生成的过程分析和理论构建。

---

① S. Groeneveld, L. Tummers, B. Bronkhorst, *et al.*, Quantitative Methods in Public Administration: Their Use and Development Through Time, *International Public Management Journal*, Vol.18, No.1, 2015, pp.61–86.
② 周长辉:《二手数据在组织管理学研究中的使用》,载陈晓萍、徐淑英、樊景立主编:《组织与管理研究的实证方法(第二版)》,北京大学出版社2012年版,第211—235页。

第二章
理解集体行动与社会冲突

自然灾害意味着自然系统与社会系统的互动引发破坏性后果。自然灾害摧毁社会生产系统，影响人们的生产生活，进而削弱社会控制体系，造成社会成员行为失序。在自然灾害情境下，个体认知结构和行为模式与日常情境下有很大的不同。在自然灾害冲击下，原有的社会结构、规范体系、社会秩序都面临着挑战。这种灾害情境催生了个体对自我身份认同的极端化和情绪化，从而容易与他人、群体和国家产生冲突。可以说，无论从历史上看还是在现实世界中，一个普遍的现象是灾害发生后人与人、个人与群体、群体与群体、个人与国家、群体与国家之间冲突的可能性大大增加了。如果不能约束受灾地区的社会个体成员、引导其灾后行为和预期，那么灾区可能会因各种各样的冲突而陷入混乱和无序之中。灾害为什么能够诱发社会冲突？灾民为何而抗争？抗争行动何以成为可能？哪些因素会激发抗争中的暴力？[①] 本书首先从与集体行动研究有关的三个领域开始，构建理解自然灾害情境下集体行动尤其是冲突性集体行动何以发生、为何升级、如何管控的知识基础。

第一节
社会冲突：概念、诱因与形式

一、社会冲突的定义

伴随着社会成员间的交往活动与社会结构变迁，社会冲突成为推动

---

① "集体行动""社会运动""群体抗争""集体抗争""群体性事件""集体维权行动""抗议"等概念经常被用来描述和分析社会中的集体行为等，本书不对这些概念作特别的区分。

社会发展的重要动力。① 什么是社会冲突？以普鲁特（Dean G. Pruitt）为代表的社会心理学家将社会冲突定义为"对立双方感知到的利益分歧"②。从狭义上看，冲突理论认为只有公开的对抗行为才称为冲突。冲突通常是指有关价值、对稀有地位的要求、权利和资源的斗争，在这种斗争中，对立双方的目的是要破坏以至于伤害对方。③ 广义冲突理论认为，在两个不同的个体或者群体之间，由于利益、观念上存在分歧、竞争或彼此干扰，从而引发两者之间在思想、情感和行动上挣扎，冲突由此产生。"社会冲突是两个或更多的社会主体通过至少一种形式的对抗心理关系或对抗互动过程联系起来的情景。"④社会冲突总是发生在两方互动中，利益冲突与价值分歧是社会冲突的基础，对抗情绪是社会冲突行为的诱因，而社会冲突则是一种行动表现和社会交往过程。事实上，不论是利益分歧、情绪敌对还是价值观对立，冲突心理都将可能激化为不同类型的社会交往和互动行为。

二、为什么会发生冲突

社会冲突发生的原因是什么？实际上，无论冲突双方之间公开对峙的表现形式如何多样化，其根源都在于冲突双方所"感知"到的利益分歧和价值对抗。⑤ 利益即态度、目标和意愿，是社会个体成员思考和行动的根本动力。当双方的利益矛盾不可调和时，冲突由此产生。这种冲突广泛存在于自然界中，小到物种内的领地之争，大到"物竞天择"的自然法

---

① 张振华：《社会冲突研究中的概念、分类与量化》，载《人文杂志》2016年第12期。
② 〔美〕狄恩·普鲁特、金盛熙：《社会冲突：升级、僵局及解决（第3版）》，王凡妹译，人民邮电出版社2013年版，第8页。
③ 〔美〕科塞：《社会冲突的功能》，孙立平等译，华夏出版社1989年版，第21—22页。
④ Clinton F. Fink, Some Conceptual Difficulties in the Theory of Social Conflict, *Journal of Conflict Resolution*, Vol. 12, No. 4, 1968, pp. 412-460.
⑤ 〔美〕狄恩·普鲁特、金盛熙：《社会冲突：升级、僵局及解决（第3版）》，王凡妹译，人民邮电出版社2013年版，第42页。

第二章
理解集体行动与社会冲突

则。从普遍意义上讲,冲突是自然界和社会系统的组成部分。在解释激发冲突的原因时,研究者提出了"零和思维""逆转期理论""相对剥夺感""势均力敌""等级落差""安全困境""规范性共识"等概念和解释框架。这些概念与解释框架从根本上讲都是从激化利益分歧、价值对立的角度出发认识社会冲突现象。

当前,社会科学研究界对冲突发生原因的解释主要可以分为三种路径:第一种是存在分歧的利益稀缺性,不论是"有限的资源"如土地使用权还是基本的生存权与公平正义的社会原则,当处在对立结构中的一方相信他人所得必定是自己所失时,零和思维就成为社会冲突发生的重要因素。第二种是冲突源于各方的不平等关系。冲突任意一方如果认为合理的愿望未获满足,由此产生的相对剥夺感将成为冲突发生与冲突升级的力量源泉。[1] 冲突双方相对权利认知模糊或横向、纵向社会比较后感受到不公平时,相对剥夺感就会产生。处于被剥夺地位的个体或者群体就会产生强烈的不满,进而引发针对特定群体、特定制度、特定社会结构的冲突。[2] 第三种是对冲突社会起源的解释,认为冲突双方所处的社会结构具有不稳定性,如有学者用安全困境与缺乏规范性共识来解释社会情境对冲突的助推作用。[3] 当冲突双方所处的社会缺乏有效的第三方(政府、政策法规、规范制度)保护时,社会成员之间的冲突在所难免。值得注意的是,当相对弱势的社会成员一方长期处于不公正的对待且利益得不到保护时,他们将面临两种选择:一是将冲突内化为社会规范,主动适应环境,将遭受的剥夺、不公平视为社会秩序的固有部分;二是将冲突公开化,采取公开的对抗行动以改变不公平的社会结构,争取自己的合

---

[1] M. Deutch, Subjective Features of Conflict Resolution: Psychological, Social, and Cultural Influences, in R. Väyrynen (ed.), *New Directions in Conflict Theory*, Sage, 1991.

[2] L. Hockstader, Jerusalem Bombers: Little in Common but a Mission, *The Washington Post*, December 5, 2001.

[3] G. Snyder & P. Diesing, *Conflict Among Nations*, Princeton University Press, 1977.

法权利。① 冲突的公开化经常在社会逆转期时发生,在经济和社会加速发展一段时期后,冲突往往发生在随之而来的经济或者社会快速逆转期中。②

个体间的冲突容易上升为群体之间的冲突。所谓群体是指两个或两个以上、拥有共同的身份、持有共同愿望的个体组成的联合体。与个人利益相比,群体目标往往与群体利益、社会福祉等涉及公平正义原则的基本需要有关;与个体冲突相比,群体与群体之间更容易产生持续的冲突。"社会认同理论"认为,群体成员的情感共鸣与群体认同更容易导致冲突升级、对抗产生。从群体认同的角度看,仅仅意识到"外群体"的存在就足够激起两个群体之间的竞争意识。③

三、社会冲突的形式与策略

社会冲突的形式复杂多样,并受到多种因素的影响。社会结构、经济发展水平、阶级分化、文化信仰、社会资本、产业与居住形态、社会空间等因素都会影响人们选择不同的手段和策略达成目标。社会冲突作为一种群体行为,按照其组织性和目标被分为集体行动、社会运动、革命等类型。集体行动是许多个体参加、具有自发性的制度外行为;当集体行动变得高度组织化、以寻求或反对某一特定社会体制为目的时即为社会运动;而革命则是有大规模人群参与、具有高度组织化且旨在夺取政权,并按照某种意识形态对社会进行根本改造的制度外行为。④以社会行动目标的冲突程度为划分依据,社会冲突可以分为分配性冲突与价值性冲

---

① 王勇:《社会冲突论视域中的弱势群体利益表达》,载《探索》2011年第4期。
② 贾高建:《社会转型与社会冲突》,载《中共中央党校学报》2005年第4期。
③ H. Tajfel, Experiments in Intergroup Discrimination, *Scientific American*, Vol. 223, No. 5, 1970, pp. 96-102.
④ 赵鼎新:《社会与政治运动讲义(第二版)》,社会科学文献出版社2012年版,第2—5页。

突,前者与资源的稀缺性相联系,后者则将价值冲突本身作为目的。①

人的理性促使冲突的双方根据冲突的后果作出预测,在与对方行动的调适与合作中寻求解决冲突或升级冲突的策略。社会个体成员感知到的利益、价值观上的差异以及对对方可能采取何种行动的预期判断直接决定了己方采取的冲突形式与策略。冲突的策略主要包括争斗、问题解决、让步与回避四种类型。争斗策略是指冲突一方坚持自己的利益诉求且不会受周围环境变化和冲突对象的影响,试图说服或强迫另一方让步。争斗策略包括惩罚与威胁甚至暴力手段。相较之下,问题解决策略为冲突双方提供了一个利益共存的空间,使冲突双方就利益分歧进行谈判协商,冲突在积极互动中得到解决。某些情况下,为了让冲突双方更快达成可以互相接受的协议,其中一方可能会选择让步策略以减少反复博弈造成的机会成本。除此之外,当冲突一方寄希望于逐步淡化问题时更倾向于不作为和撤退。现实冲突中,冲突策略的选择往往是互动和博弈的结果。随着利益博弈的进程和外部环境的变化,冲突双方通过"知己知彼"的方式选择能够实现己方最大化利益的冲突策略。

第二节
集体行动方式选择与转型

一、社会成员集体行动方式选择

社会成员之间、群体之间的冲突从出现、聚集、激化最后到衰落是一个动态过程。无论是社会运动还是集体行动,都存在一个渐进发展过程。在集体行动中,弱势群体往往首先通过"不合作"的方式达到扰乱社

---

① 〔美〕杜鲁门:《政治过程:政治利益与公共舆论》,陈尧译,天津人民出版社2005年版,第18—25页。

灾后风险与危机应对
结构·情感·文化

会秩序、破坏社会结构的目的,然后再选择更具对抗性的抗争手段和策略。根据破坏力的大小,抗争方式可以分为以下三种:暴力、破坏与顺化。其中,暴力是对对抗方实施直接的人身伤害或精神伤害,它对既有权力结构的挑战最大、造成的不确定性最高、破坏力最大,且行动的实施对群体成员之间团结的要求最低。破坏手段不涉及人身伤害,只是采取某些非常规的手段打乱、中断或改变社会结构的某些环节,给权力的运作造成某种不确定性,如阻碍施工、围堵政府管理部门等。相对于暴力,破坏方式对权力结构的挑战较小,造成的不确定性亦次之,且破坏力较小,但实施破坏方式对群体成员之间社会团结的要求较高。顺化的集体行动同样不涉及人身伤害,但它采取的是那些符合社会预想的甚至已经合法化的行动手段,比如依法罢工、游行等,这种方式对社会结构的挑战最小,造成的不确定性最小,社会破坏力也是最小的,但是它对群体成员之间社会团结的要求最高。上述三种手段在特定条件下可以相互转化。

在集体行动发生的过程中,社会成员抗争方式的选择大致遵循着三种逻辑:第一种是"数量"逻辑,即煽动更多的人参与到抗争之中,以此获得更大的社会关注与支持,以游行等"顺从性"抗争方式为代表;第二种是"损害"逻辑,即以直接或间接手段给抗争对象造成实质性损害为目的,包括罢工、破坏甚至暴力等"破坏性"手段;第三种是以自杀式袭击为代表的"见证"逻辑,通过展示或制造某种证据,让外界见证自己所捍卫的价值追求或合法权利。① 从集体行动类型的历史变迁来看,现代社会中的民众采取损害逻辑的抗争策略不断减少,数量逻辑和见证逻辑支配下的社会抗争行为逐渐增多。

二、社会集体行动的生成与转化逻辑

在现代社会,大多数的集体行动是在法律允许的框架内追求行动目

---

① Donatella Della Porta & Mario Diani, *Social Movement: An Introduction*, 2nd ed., Blackwell, 2006.

第二章
理解集体行动与社会冲突

标。但是,集体行动演变过程确实普遍存在升级逻辑,即社会成员集体行动手段往往从破坏性的方式逐渐转向对抗性强、破坏力大的抗争行动。集体行动升级遵循着怎样的规律?学者们主要从情感逻辑与理性逻辑两条路径进行解释。集体行动情感论脱胎于社会结构功能失调给个体带来的恐慌,此种社会结构功能的失调可以是某一突发事件,①也可以是不公平的政策与制度。② 勒庞(Gustave Le Bon)的集体心智理论开启了对"大众心理"的研究,他认为人类在群处时会通过无意识的过程使心智趋向统一,形成"集体心智"。③ 在勒庞提出的"精神统一规律"的基础上,布鲁默(Herber Blumer)认为催生集体心智的是个人欲望得不到满足的烦躁,经过个体间的相互感染、集体兴奋到社会感染这一循环反应,个体的烦躁最终演变为社会性的骚动。④ 而同样把社会心理作为解释集体行动的关键变量,以科恩豪泽(William Kornhauser)的群众社会理论与斯梅尔塞(Neil J. Smelser)的加值理论为代表的"结构功能论"主要关注恐慌、烦躁、苦闷、焦虑等负面社会心理如何作为中介变量导致社会结构失调。⑤ 社会结构的功能失调不仅会造成社会成员个体性情绪的消极体验,还容易借助于情感扩散机制影响到其他社会成员,形成群体情绪,助推群体认同。例如,个体的情绪可以通过公众演讲、网络平台等社会互动的形式"传递"给其他人,从而形成共同抵抗某一社会现象或秩序的群体意识和行动意向,这也就是"共意动员"的形成过程。

与情感逻辑相对应,麦卡锡(John McCarthy)、扎尔德(Mayer Zald)、

---

① 何艳玲、陈晓运:《从"不怕"到"我怕":"一般人群"在邻避冲突中如何形成抗争动机》,载《学术研究》2012年第5期。
② 彭国胜:《西南民族地区农村居民的维权抗争方式及其影响因素研究——基于贵州和云南两省的实证调查》,载《贵州师范大学学报(社会科学版)》2014年第2期。
③ 〔法〕古斯塔夫·勒庞:《乌合之众:大众心理研究》,冯克利译,中央编译出版社2004年版,"中译者序"第10页。
④ Herber Blumer, Collective Behavior, in A. M. Lee (ed.), *Principles of Sociology*, Barnes & Noble, 1969, pp. 67–121.
⑤ Neil J. Smelser, *Theory of Collective Behavior*, Free Press, 1962.

蒂利（Charles Tilly）等人提出的资源动员、政治过程等理论则将"理性"放在集体行动框架之中解释集体行动的发生过程和发展逻辑。资源动员理论指出，以"怨恨"为代表的情感视角不足以解释集体行动的规模和影响力，社会运动的组织者要想成功发起一场行动，就必须获取足够的道义资源、文化资源、社会组织资源、人力资源和物质资源，进行"专业化"经营，从而提升集体行动的吸引力、持续性和有效性。在资源配置充分、组织动员专业的基础上，组织集体行动最直观的结果是群体规模迅速扩张，群体周围的人不可避免地会被卷入冲突并被迫作出抉择。在资源动员框架下，集体行动"群体领袖与成员的游说"使得原本旁观的人成为同盟军、同情者与传播者，更重要的是增强了群体的"自信"，带来群体效能感。在群体认同、群体效能感的支配下，集体行动的组织可以快速实现社会动员、实施抗争策略，迫使对方作出让步。

第三节 集体行动的暴力转向

一、何为暴力

一般而言，暴力被定义为意图伤害他人身体或者破坏他人所珍视事物的行为。暴力本身可以分为工具性暴力和情感性暴力：工具性暴力是一种强化冲突双方的方式，目的在于从双方博弈中获得利益最大化，暴力的背后往往是理性的利益诉求；情感性暴力则是指对冲突另一方的伤害本身即为目的，这种暴力所涉及的情感（愤怒、敌意）都直接指向冲突方。相对于个体暴力，群体暴力的结构化程度更加明显、破坏性更大，其组织性、目的性、社会效应等方面的社会影响远远超过同等单位的个体

第二章
理解集体行动与社会冲突

暴力之和。① 在集体行动中,处于相对弱势的人群更容易采取暴力手段。对他们而言,暴力是维护其应得利益的最简单方式。与此同时,即使理性的集体行动也可能会转向采取暴力性的手段。毕竟,情绪失控的群体成员通过暴力行为来宣泄心中负面情绪,已经成为一种他们缓解内心紧张和压力的机制。

二、群体暴力的心理机制

群体暴力的心理机制研究始于勒庞的《乌合之众:大众心理研究》一书。在此书中,他首次指出群聚效应导致了个体的非理性进而造成群体失控和群体暴力。② 情感共振和"挫折—攻击"理论常常被用来分析群体暴力的根源。情感共振又称"情感共鸣",是指在他人情感表现或造成他人情感变化的情境(或处境)的刺激作用下,所引起的情感或情绪上相同或相似的反应倾向。情感共鸣是一个人(观察者)在观察到另一个人(被观察者)处于一种情绪状态下时,产生与被观察者相同的情绪体验。在集体行动过程中,受到群体认知、群体认同和群体规范的影响,成员之间很容易激发出情感共鸣,兴奋、挫折感、怨恨、不满等情绪极易在群体成员之间扩散,形成群体情绪共振,为群体极化提供心理动力。根据"挫折—攻击"理论,当社会不公平或者对某一群体造成的伤害无法得到弥补时,相对弱势的群体会产生心理受挫感,进而将怨恨和不满指向现存的社会体制。如果这种挫折感长期聚积且得不到疏解,弱势群体就会对现存体制产生愤怒的情绪。这些积怨和愤怒的情绪如果找到共同焦点,随时可能受外界刺激而以群体暴力形式爆发。

群体暴力需要的特定的社会心理条件包括:群体成员普遍存在不公

---

① 贺永亮:《农村群体性暴力事件及其社会控制》,中南大学2009年硕士学位论文。
② 〔法〕古斯塔夫·勒庞:《乌合之众:大众心理研究》,冯克利译,中央编译出版社2004年版,第136页。

平感、无助感和对社会责任部门的不信任感。① 这些心理条件分别或共同聚积为群体暴力的心理能量。一般来说,社会成员的不公平感主要来自公共部门的权力腐败和滥用、社会收入分配失衡以及由此造成的教育、卫生等基本社会资源分配不公等问题。② 除了社会成员感受到的不公平感之外,集体行动升级为暴力的过程还受到个体发泄心理、逆反心理、表现欲、从众心理和法不责众等心理的影响。在群体性暴力中,很多参与者都是围观者,从众与发泄心理驱使他们借此发泄日常生活中积累的不满情绪;逆反心理多发生在年轻人身上,他们往往借助于集体行动或者暴力来表达对现行法律与制度的不满;表现欲使媒体与围观者成为集体抗争行为的助推器;责任扩散效应,通俗来讲即"法不责众"心理,也会让个体社会成员在群体中丧失社会规范和个体理性约束,成为虚幻的"集体"化身。特别是当群体内被敌对情绪充斥时,个体会卸下责任感和理性,社会规范对个体的约束效力会快速递减,最终引发群体暴力行为。

群体暴力的发生过程并非一蹴而就,群体"挫折—进攻"的负面心理能量也不是一朝一夕聚积而成的。在日常社会生活实践中,弱势群体往往首选合法的、理性的、非暴力手段来表达其利益诉求。当他们在法治框架下表达利益诉求和情感诉求不断遭受挫折后,他们可能就会采取暴力手段。这种挫折感会增加群体认同感与凝聚力,产生"群体暴力"或"集体骚乱",最终可能导致个体失去理智,转向非理性和极端暴力。同时,群体暴力围观者可能会受群体情绪感染转化为非理性的参与者,致使暴力事件规模扩大。暴力会引发更大的暴力,这一连锁反应致使所有对暴力事件的压制都可能引发更大规模的群体暴力。

---

① 廖和平、曹汉林:《群体性事件产生的社会心理机制及对策探究》,载《创新》2009年第1期。
② 卢兴亚:《群体性事件社会心理学分析》,载《四川警官高等专科学校学报》2007年第5期。

三、群体暴力的抑制机制

人类的历史是文明程度总体上不断提高的历史,也是一部暴力行为不断减少的历史。特别是近现代社会转型以来,随着民族国家、现代国家逐渐成形,现代社会中的暴力逐渐减少。平克(Steven Pinker)在《人性中的善良天使:暴力为什么会减少》一书中从六个方面解释了现代社会暴力减少的原因:第一,有效的、具有合法性的现代政府的出现遏制了人性中三种导致暴力的主要因素,即掠夺性攻击(收益)、先发制人的攻击(安全)、报复性攻击(安全)。第二,社会观念更趋开明和文明化,酷刑、迷信杀戮、残忍对待他人、奴隶制等落后的习俗和社会制度如今已成为社会不能容忍的禁忌。第三,两次世界大战的教训,强化了人们的反战意识。面对战争造成的巨大的伤亡和破坏,人们认识到和平的重要性,并自觉抑制冲突和暴力,维护双边和多边的安全与国际和平。第四,局部冲突变得更有节制,地区冲突烈度持续降低,抑制冲突蔓延及因冲突带来的饥荒、疾病和混乱的国际冲突管控机制变得更为健全。第五,随着1948年《世界人权宣言》的发布,少数族裔、妇女、儿童、同性恋者等群体的权利受到更有效保护。第六,个人暴力犯罪率持续下降。[①] 暴力逐渐让位于理性,现代社会的民主机制、法治机制和冲突管控机制最终使得社会成员之间的冲突走向了制度化、法制化的社会运动,骚乱、群体暴力越来越难以获得现代社会成员的认可和支持。

但是,在集体抗争行动发生过程中却还是经常发生暴力行为。如何抑制抗争行动中的群体暴力?厄尔(Jennifer Earl)提出了关于"抗争控制"的分类框架,根据控制机构是否为国家机关、控制行为是强制还是引导、控制行为是否可观察这三个维度,组合出12种控制策略,每种策略

[①] 〔美〕斯蒂芬·平克:《人性中的善良天使:暴力为什么会减少》,安雯译,中信出版社2015年版,第103—115页。

都适应不同的抗争形式(表2-1)。① 也有研究发现还存在另一种暴力的控制模式,即国家通过培养积极分子而实施的内部控制。随着社会结构越来越稳定,抑制机制更多从事后镇压转化为事前控制。

表2-1 抗争行为的国家压制策略

		控制行为的特征			
		强制		引导	
		控制行为的可观察性		控制行为的可观察性	
		可见	隐蔽	可见	隐蔽
控制机构的身份	与国家政治精英联系紧密的国家力量	出动防暴警察、军队来应对	国家安全部门的瓦解抗争行动	动用政治力量切断抗争的资金流	用法律和规章等手段限制社会组织的抗争行动
	与国家政治精英联系较为松散的国家力量	地方、基层政府出动警力来应对	地方安全部门的瓦解抗争行动	限制批准集体聚众行动	针对抗争"领头人"的收编
	非国家力量	民间团体(如安保公司)来应对	对抗争分子进行私底下的威胁	调解	组织内部的纪律条例和申诉等

资料来源:Jennifer Earl, Tanks, Tear Gas, and Taxes: Toward a Theory of Movement Repression, *Sociological Theory*, Vol. 21, No. 1, 2003, pp. 44-68。

20世纪90年代以来,中国各类集体抗争行为不断出现,对地方经济社会发展造成了一定的影响。在总结经验和教训的基础上,中国政府展现出强大的制度学习能力和应对弹性,不断完善社会矛盾的治理体制和机制,以灵活的多样化抗争控制策略应对各类集体抗争行为。基于控制主体、控制手段、控制态度三个维度,中国政府探索形成了多样化的抗争控制策略。近年来,中国政府的抗争控制策略的主导方向已经从压制转向了预防,即越来越强调通过事前介入,特别是推进社

---

① Jennifer Earl, Tanks, Tear Gas, and Taxes: Toward a Theory of Movement Repression, *Sociological Theory*, Vol. 21, No. 1, 2003, pp. 44-68.

会矛盾综合治理工作防范重大社会风险事件,取得了明显的效果。总体上看,中国式抗争控制的基本立场是维持社会稳定和有序;运转原则是在控制基础上的多管齐下;具体操作过程呈现出策略性区分回应的特点;总体发展趋势向"柔化化解"策略转变。①

第四节
集体行动理论适用性

作为一个吸引"眼球"的社会现象,包括集体行动在内的社会风险事件一直是社会科学研究的热点议题。马克思主义的社会变迁理论、社会学中的社会运动和集体行动理论、管理学中的争议与冲突管理理论分别从不同的角度揭示了各类集体行动事件是什么、为何发生、结果如何、有什么影响。长期以来,在研究中国冲突性集体行动等社会不稳定问题时,学者更多学习和借鉴了社会运动、革命、集体行动理论的概念框架以及研究方法,揭示中国冲突性集体行动的性质、类型、发生过程以及发生机制。总的来讲,围绕中国冲突性集体行动的研究可以划分成三个维度:宏观视角、中观视角和微观视角。在宏观视角,研究者更多讨论了国家—社会关系、国家政体、政治权力结构等要素对抗争事件的促动和抑制作用;在中观视角,研究者关注集体行动的发生机制,强调了社会情景、互动过程、文化传统、社会资本、关系网络等社会因素在事件发生、演变过程中的作用;在微观视角,研究者更多注意行动者的个体特质、群体心理、信息技术等因素在集体抗争事件中的作用。总的来看,围绕着集体行动和社会抗争事件,中国的研究界及时学习和借鉴了革命理论、社会运动理论、冲突管理理论、集体行动理论来构建中国场景下的解释概

---

① 袁倩:《抗争控制的中国式图景:关于中国政府"维稳"策略的一个初步分析框架》,载《中国社会公共安全研究报告》2015 年第 2 期。

念和理论框架,对于理解当代中国的群体抗争做出了显著的贡献。

无论是革命理论、社会运动理论、冲突管理理论还是集体行动理论,都可能从不同的概念、框架和视角揭示这一"社会系统均衡状态"的阶段性演化过程和特征。社会成员的集体行动是一个复杂动态博弈的过程,只有通过理论整合,才能超越单一理论的解释限度,更好地理解当代中国快速社会变迁过程中冲突性集体行动的发生机制。近年来,无论是革命理论、社会运动理论还是冲突管理理论都遭遇到不同学科对同一社会问题研究如何展开理论对话的难题。由于政治学、社会学、管理学对"冲突"的定义不同,在涉及同样的社会现象时,不同学科往往会有不同的概念,进而形成各自的理论解释体系。研究者很难跨越学科界限,通过对话、讨论来改进研究理论,更全面地揭示社会现象背后的本质特征。以美国社会运动研究为例,70多年来的研究经历了三个主导型理论体系的变迁过程:从情感理论走向资源动员和政治机会结构理论,到近来兴起的新社会运动理论,明显看到不同学科在概念、理论框架、方法上的分歧与对立。中国冲突性集体行动的研究也存在这种学科隔离导致的"碎片化问题"。不同学科的学者在借用西方学者的研究概念、理论框架来讨论中国的群体抗争事件时,缺乏对中国情景、中国文化的理论自觉,难以准确把握中国丰富社会实践背后的社会特征。

这就引出了一个中国社会科学研究者经常自省的问题:西方社会科学理论适用于中国情景吗？如何在中国经验和西方知识体系之间架起对话的桥梁？研究者经常遭遇"西方理论"的适用性问题,由此关注到如何建设中国特色社会科学话语体系问题。社会现象与自然现象不同,研究自然现象的自然科学具有较强的普遍性,而研究社会现象的哲学社会科学具有较强的差异性和特殊性。[①] 毫无疑问,任何一个理论都是根植于特定社会情境和文化背景之中,任何一位中国问题研究者都必须注意

[①] 何星亮:《中国学术切勿盲目崇拜西方》,http://theory.people.com.cn/n1/2017/0323/c40531-29163329.html,2019年2月5日访问。

第二章
理解集体行动与社会冲突

到这一点。以西方社会运动研究为例,很大程度上是反映西方社会经过工业化之后社会结构、社会观念等变化所引发的社会后果。从横向比较的视野来看,中国仍处在工业化的过程中,借鉴西方社会运动理论来研究中国群体抗争事件和集体行动时,就会发现中国民众发起抗争的类型、本质、过程以及背后所反映的政治系统、文化观念与西方存在巨大的差异。

面对西方社会科学理论与中国本土实践之间的研究张力,我们需要时刻保持警惕和理论自觉。一方面,应该积极学习西方社会科学理论,看到西方社会科学研究者在界定问题、研究方法运用以及研究视野上值得学习的地方;另一方面,应该尝试超越西方社会科学理论的藩篱,构建适应中国情景、关照中国实践、解答中国问题的理论。前者要求研究者具有开放性,将视野转向全球,时刻关注理论前沿与创新成果;后者要求我们能够构建解答中国现象和中国丰富社会实践的理论框架。实际上,在抗争政治研究领域,西方学者已经注意到不同理论体系的整合过程,力图将革命理论、社会运动理论和冲突管理理论融入一个"对抗性政治"的框架之中。① 近年来,在对话、争论和整合的过程中,西方社会科学研究者围绕各类集体行动的研究形成了一个新的交叉学科,即抗争行为研究,并分化出抗争政治学、抗争社会学等研究领域。越来越多的中国研究者开始构建中国特色社会科学理论和话语体系,试图将时间、结构、历史、情景、文化等多元因素纳入研究框架,形成一种宏观整合性的研究。例如,赵鼎新借助于时间维度,转向历史情境和宏观结构,关注一组而非单个因素的作用机制和过程,建构理解中国宏观社会变迁的政治社会学理论。②

本书秉持这种理论反思、理论批判和理论自觉意识来分析中国灾害

---

① Doug McAdam, Sidney Tarrow, & Charles Tilly, *Dynamics of Contention*, Cambridge University Press, 2001.

② Dingxin Zhao, *The Confucian-Legalist State: A New Theory of Chinese History*, Oxford University Press, 2015.

情景中的社会风险生成与演化问题。这种立足中国本土情景的理论自觉主要体现在三个方面：一是在研究过程中时刻保持中国文化情景意识。在灾害背景下，任何社会风险事件只有置于特定的文化情景尤其是中国民众对灾害、政府角色的认知和心理活动中才能更准确地理解其"社会意义"，也才能揭示自然因素与社会因素之间的互动关系与因果逻辑。二是时刻保持研究的开放性。要看到现有的革命研究、集体行动研究、社会运动研究、抗争政治研究、冲突管理研究的西方社会科学理论视野、研究方法以及核心概念的价值，采取适度的"拿来主义"，将其与中国情景、中国文化相结合，形成新的研究概念和解释框架。三是时刻反思自己的研究立场和研究发现。这些概念、观点与中国复杂多样的社会实践过程相符合吗？有没有揭示中国社会过程的本质特征？概念和研究发现是否具有理论内涵？通过理论自觉和理论反省，笔者希望本书的研究发现能够在抗争政治、灾害研究等领域弥合西方社会科学理论与中国社会实践之间的鸿沟，从而增进对中国抗争政治、中国社会变迁和文化传统转型等问题的理解。

第三章
因果机制与链式结构：理解风险转化

第一节
社会行为的因果机制

一、因果关系研究

对特定社会现象中因果关系的"痴迷"是社会科学研究的常见现象。"因",通常是指导致事物发生变化的要素;"果",通常是指事物发生变化后产生的状态或者后果。在"因"与"果"之间建立关联结构是人类认识世界的基本途径:一方面,通过对因果关系的认定,可以对事物未来的发展趋势或可能引发的后果进行预测,消除未来可能面对的不确定性问题;另一方面,对因果关系进行确认,实际上是对某个特定社会结果的归因过程,归因主体可以借此消解特定社会事件或者后果对个体带来的紧张和压力。因此,探寻社会现象背后的"因果关系"就成为社会科学研究重要的使命。

因果关系主要回答"为什么"的问题,即是什么因素(X)导致另一因素(Y)发生变化或发生什么样的变化(正向的、负向的或者曲线形的)。社会过程中的两个独立的要素或者事件之间存在的"因果关系",一般来说包括三层含义:一是原因和结果在时空上具有连续性,时空联结是确立两个独立要素或者事件之间存在因果关系的先决条件;二是两个独立的要素或者事件之间存在时间上的先后顺序,即先有因后有果;三是两个独立的要素或者事件之间存在可观察到的、可重复的必然联系,这种联系导致二者是稳定的关系,也就是说有其因必有其果。① 因果关系实际上是对在一个连续的时空内,两个独立的要素、事件或者物体之间相互影响尤其是单向度产生作用过程的描述。从因果关系的概念来看,两个不存在时间连续性的要素、事件或物体,很难直接建立因果关系。如果两个时空相距很远的物体之间存在稳定的、可观察到的因果关系,那么二者之间必然存在某种衔接关系,即可能存在一个中介变量或中介变量引发的因果转换机制。②

休谟(David Hume)强调"必然性"——事物之间的经验关联——是因果概念的最重要因素,也是因果推论的基础。如果两个要素、事件或者事物之间没有"必然性"关联,就无法从原因推诸结果。根据休谟的观点,社会现象中因果关系的判断实际上是人类对重复性、相互关联社会现象认识的结果。通过观察不断重复发生的社会现象,我们就可以确定在时间序列上前后连续出现的两个事物或两起事件之间存在某种"必然性"联系,并将这种可观察、可重复的必然性联系视为二者之间存在因果关系。然而,休谟也认识到,对因果关系的认定必须保持反思和警惕。实际上,事物之间存在的"经验关联"并不具备客观的必然性。我们所认定的"必然性"是人类对重复发生的经验关联现象的心理认知结果,是人类的思维习惯所导致的"主观必然性",是人的心智"移到"事物上的结果。③

从这个意义上说,对因果关系的认定实际上是一个主观的社会认知过程,人们无法将所认识到的因果必然性推广到具有普遍意义的规律上来。毕竟,从经验到规律需要一个思维的上升过程。两个事物之间的稳定关联关系即使被一千次地观察到,也并不代表客观世界就存在这样的

---

① David Hume, *An Enquiry Concerning Human Understanding*, edited by Tom L. Beauchamp, Oxford University Press, 1999.
② 彭玉生:《社会科学中的因果分析》,载《社会学研究》2011年第3期。
③ 吕涛:《因果理论的结构与类型——社会科学理论建构的方法论思考》,载《西北师大学报(社会科学版)》2012年第1期。

第三章
因果机制与链式结构：理解风险转化

"规律"。一般来说，研究特定社会现象的科学家只能在自然状态（不介入、不干预特定社会现象）下观察研究对象和收集资料，通过运用定量分析方法（相关性分析、回归分析等）、统计分析方法或者定性分析方法（如案例研究或者扎根理论方法）等手段来探索社会生活中的因果关系。为了降低因果关系认定的主观性，研究者可以借鉴统计分析和个案研究方法来增进对"稳定关联特征"的确认。统计分析实际上是借助于大样本来证明两个独立的要素、事件或者事物之间存在"稳定的或者普遍的关联"。但是，这种统计分析尤其是相关性分析受制于样本规模、样本代表性、变量的复杂性、难以控制某些变量等一系列问题，往往难以确认要素之间、事件之间的因果关系。更不用说，大样本数据不能界定两个事物之间是否存在稳定的关联、是否存在时间序列上的先后顺序和逻辑关系。例如，人们可能基于自己的经验判断，预测某一件事情可能会发生，进而采取相应的行动。这样，在一个行为（果）与一个预期（因）之间恰恰是"先果后因"的关系，而不是按照时间序列存在"先因后果"的关系。由于统计分析在变量控制和时间序列上存在明显的缺陷，因此对以来自样本数据的统计分析方法得出的因果关系结论往往要保持警惕。

除了统计分析寻求因果关系之外，通过个案分析也是探求因果关系的重要手段。个案研究强调对某个现象发生的情景、前后历史以及发生过程中的关键要素、关键人物行为等要素的描述。通过这种描述，个案研究可以在解释特定社会现象的结果时确定在时间序列上存在先后关系的两个要素或者行为之间是否有因果关系。特别是借助于比较案例研究，通过"求同法"或者"求异法"，能够更加准确地在一个要素（因）与另一要素（果）之间建立因果关系。但是，个案研究所得出的因果关系也经常遭受指责：一是个案的典型性、代表性问题可能会严重影响到研究推论的普遍性和科学性；二是研究者为了建立"稳定的关联"有意识或者无意识地在描述、分析案例的过程中将内心的假设或者预判移植到研究的过程中，得出来的因果关系只是研究者本人"想要"的关联结构；三是个案研究受制于研究者获得资料、数据的质量以及研究者本人对个案的介入和干预等问题的影响，缺乏像自然科学中的实验一样的"独立性"，研究发现的可重复性往往比较差。由于个案的代表性无从判断，用个案检验一般命题并不可靠。在现实生活中，具体的因果过程往往是多种因素复杂作用的过程，有时候偶然性的因素也会掺杂进来，起到多因素复合影响的作用。即使我们对个案的经验描述和理论建构都准确无误，也无法确定从个案分析中推导出具有普遍意义的因果关系，更难以在其他个案上检验这种因果关系。另外，通过个案研究所反映的因果关系是否显著很难得到大样本的检验，进而构建出具有普遍意义的理论。个案研究存在的这些缺陷促使社会科学家在追求因果关系时更多转向了对"因果机制"的研究。

二、因果机制研究

"机制"的概念是十七八世纪机械论自然观的历史遗产，指的是各部分之间按照因果定律相互作用的复杂系统。根据这一定义，复杂系统的外部行为正是由其内在的各部分之间的互动机制决定的，因此我们能够借助于"机制"的概念描述复杂系统内部不同部分之间的互动对复杂系统运行结果的影响。马哈默（P. Machamer）等人认为，机制就是"组织起来的实体与活动，它们在初始条件与终结条件之间产生某些规律性的变化"[①]，它揭示了两个事物之间稳定的联系与变化的过程。

此后，机制解释作为社会学研究中的一种方法论取向越来越受到学者的重视。在社会学研究中，社会机制指的是联结起始条件与最终结果的一系列存在因果关联的事件与过程。[②] 1997 年，著名科学哲学家邦格（M. Bunge）在《社会科学哲学》杂志上发表了《机制与说明》一文，系统

[①] P. Machamer, L. Darden, & C. Craver, Thinking About Mechanisms, *Philosophy of Science*, Vol. 67, No. 1, 2000, pp. 1–25.

[②] 魏海涛：《社会学中的机制解释》，载《社会学评论》2017 年第 6 期。

第三章
因果机制与链式结构：理解风险转化

地提出了"社会因果机制"的概念。他认为，"社会系统中的机制……至少包含两个以上的行动者，机制过程从事于形成、保持、转化或消解某个社会系统"①。"社会因果机制"概念着眼于具体的、可检验的理论模型，主张从社会系统的模式变化或对变化的控制方面澄清社会因果机制的意义。社会机制的探究旨在揭示真实的因果过程，而并不满足于方程或者模型的虚构。② 目前，社会科学研究者比较一致地认为社会机制解释应该具备三个特点：时间过程、集体或者个体行动者、行动者对文化意义的定义和解释。以社会机制为核心的解释具有以下几方面的基本特征：机制解释首先指的是存在于解释项与被解释项之间的事件过程，但应明确这一过程是反复发生的，能够运用到不同的经验情境之中。

在诸多社会机制中，因果机制尤其引人关注。因果机制是指不可观测的、最终的、物质的、社会的或者心理的过程，通过这些过程，具有因果能力的行为主体在特定背景或条件下，将能力、信息或者问题作用于其他行为体。③ 因果机制从事物发生作用的过程来界定和认识两者之间的因果联系。可以说，借助于因果机制分析，通过"过程性"描述代替"相关性"分析，社会科学研究者可以更好地解释因果关系。在社会科学研究中，采用事件—过程分析法、过程追踪法来寻求因果机制成为社会科学研究因果机制的常用方法。通过描述事物的发展过程，按照时间的先后顺序深度阐述和分析前后事件之间的关系，能够为确定因果过程提供帮助。事件—过程分析法通过对单一案例的深度描述和分析来评估因果过程，从而在个人决策研究中解释各种初始条件是如何转化为决策结

---

① M. Bunge, Mechanism and Explanation, *Philosophy of the Social Sciences*, Vol. 27, No. 4, 1997, pp. 410–465.
② 徐竹：《当代社会科学哲学的因果机制理论述评》，载《哲学动态》2012 年第 3 期。
③ Alexander L. George & Andrew Bennett, *Case Studies and Theory Development in the Social Science*, MIT Press, 2005, p. 137.

果的。① 社会科学中的"过程追踪"是另一种将原因和结果联系起来的因果机制研究法，被视为定性案例分析的核心方法。过程追踪法是在研究个人决策过程中发展起来的。在个人决策的过程中，可以通过追踪信息输入如何影响个人决策的过程找到解释个人决策的过程模型。② 过程追踪法被界定为尝试确定事物之间因果关系（因果链与因果机制）的方法，即确定自变量和因变量之间因果关系的方法。③ 过程追踪法的主要目的是理解原因与结果之间的中间过程，是利用对过程的历史阐述来验证理论或者假设的中间变量与互动。④ 运用过程追踪法既可以检验新的理论和假设，也可以提出新的理论和因果解释。通过运用"过程追踪"，研究者可以进行有力的推论，解释社会过程中的某个原因（或一系列原因）是如何导致某个特定结果的。

　　社会科学中因果机制研究的优势在于提供对社会现象和社会事实的解释。正是这种理论解释的功能，导致了社会科学研究对因果机制达到了"痴迷"的程度。今天，社会科学研究者日益重视在相关研究中提出和检验因果机制，并将因果机制研究与定量方法、统计分析结合起来。但是，我们也应该看到因果机制研究面临着一些挑战。例如，如何确认有时间先后顺序的事件之间存在联系？某个事前存在的原因与结果之间经常存在多个机制，如何确定哪个机制最重要？不同的机制之间往往存在复杂的相互作用，如何区别同一社会过程中的不同机制？同时，因果机制研究中更常包含一些难以被操作化的、模糊的和抽象的概念，很大程度上受研究者对这一研究方法熟悉程度的限制。此外，任何社会机制归根结底是必须落实到个人的文化心理过程，难以直接观察。如何将

---

① Alexander George & Timothy McKeown, *Case Studies and Theories of Organizational Decision Making*, in Robert Coulam & Richard Smith(eds.), *Advances in Information Processing in Organizations: A Research Annual*, Vol. 2, JAI Press, 1985, p. 35.

② 余雯、闫巩固、黄志华：《决策中的过程追踪技术：介绍与展望》，载《心理科学进展》2013年第4期。

③ Alexander L. George & Andrew Bennett, *Case Studies and Theory Development in the Social Science*, MIT Press, 2005, p. 206.

④ 曲博：《因果机制与过程追踪法》，载《世界经济与政治》2010年第4期。

第三章
因果机制与链式结构:理解风险转化

中观层次的社会因果机制与微观层次、宏观层次有机整合起来,构建一个更具有普遍意义的理论,并能够得到更多样本的统计检验,仍然是社会因果机制研究者需要解决的难题。

第二节
科学研究中的链式结构

一、自然世界中的链式结构

"链"是指一组要素之间存在稳定的关联结构,即一个要素诱发了另一个要素,它的产物或者副产物又会带来其他反应,表明不同的要素之间复杂、叠加、反复作用的过程,从而揭示这些要素与特定结果之间的关系。自然科学中的链式结构数不胜数,如化学中的化学链、生物学中的食物链、灾害学中的灾害链等。通过链式结构,我们能够更清楚地展示不同要素之间的关系与相互作用过程,从而寻求自然界中的规律。

1. 化学链

化学链反应又称为"自由基链反应",是一种化学反应过程,该反应过程是以高活性的自由基为链载体,借自由基的传播而进行的链式化学反应。这种链式反应过程是由大量反复循环的连串反应所组成的,是一种常见的复合反应。化学链反应是分子之间发生的反应形式之一,如自由基聚合反应、离子聚合反应、各种爆炸反应等。由于机理的不同,化学链反应又有直链反应和支链反应之分。化学链反应由链的引发、链的传递和链的终止几个步骤组成。[①] "链的引发"是链反应的开始,自由基在热的作用下分解产生新的自由基;"链的传递"是指自由基与稳定分子发

[①] 《化学化工大辞典》编委会、化学工业出版社辞书编辑部编:《化学化工大辞典》,化学工业出版社2003年版,第85页。

生作用形成产物,同时又生成新的自由基,反应如同链锁一样连续进行下去;"链的终止"是在链反应进行中,链的传递物在气相中相互碰撞发生重合或形成稳定分子放出能量,也可在气相中或器壁上发生三体碰撞形成稳定分子,而放出的能量被器壁吸收,使链的传递终止。

2. 食物链

食物链亦称"营养链",是指生态系统中各种生物为维持其本身的生命活动,必须以其他生物为食物所形成的链锁关系。这种摄食链锁关系,实际上是物质能量通过食物链的方式流动和转换的过程。[1] 在自然界中,一个食物链一般包括3—5个环节:一种植物、一种以植物为食料的动物和一种或更多的肉食动物。食物链不同环节的生物数量相对恒定,以保持自然平衡。

3. 灾害链

在自然系统的运行、演化、变异过程中,自然灾害表征为在外部环境作用影响下自然界内部结构关系变化、内部状态响应、对外作用(破坏作用)过程等三方面运动规律。[2] 1987年,我国地震学家郭增建首次提出了灾害链的理论概念。所谓灾害链,是指一系列灾害相继发生的现象。从定义上看,灾害链是指当一次自然灾害发生时,它会引发另一次灾害,依次发展下去,将会造成一系列的灾害。[3] 灾害一经发生,极容易借助于自然系统之间的相互依赖、相互连接的关系,通过连锁效应,由一种单一的灾害引发出一系列的其他灾害,从一个独立的地理空间扩散到另外一个或者多个地理空间,从而使单一发生的灾害呈现扩散和传播的"链式"效应。

---

[1] 崔泽林、郭晓奎:《食物链中抗生素耐药性基因的转移》,载《中国微生态学杂志》2011年第1期。
[2] 范海军、肖盛燮、郝艳广、周丹、贺丽丽:《自然灾害链式效应结构关系及其复杂性规律研究》,载《岩石力学与工程学报》2006年Z1期。
[3] 中国灾害防御协会、国家地震局震害防御司编:《中国减灾重大问题研究》,地震出版社1992年版。

第三章
因果机制与链式结构：理解风险转化

灾害链通常有四种表现形式，分别为因果链、同源链、互斥链、偶排链。因果链是指某一个灾害为下一个灾害的发生提供诱发条件或其本身转化成另一灾害；同源链是指一系列灾害的相继发生共同与它们之外的某一因素有关；互斥链则为某一灾害发生后另一灾害就不再发生的现象；偶排链是指一些灾害偶然在靠近的时间内同时发生的现象。[①]

"链"的概念揭示了自然世界中不同要素之间相互作用、反复作用的复合过程。通过"链式结构"，人们能够"还原"自然世界的发生过程，从而找出不同要素、不同事物之间稳定的关联关系。借助于自然科学中的"链式结构"，人们清楚地认识到不同自然要素之间发生的影响、这种影响对后续过程的影响，从而刻画出事物之间的因果关系和关联性。很多学者借助于"灾害链"的概念进一步丰富了对灾害学的研究，如万红莲等人分析了1368—1911年宝鸡地区旱涝灾害链。[②]

二、社会中的链式结构

社会科学的根本目的是解释社会现象，而不是找到像自然界那样存在的"永恒"的规律。尽管在自然科学和社会科学之间存在本体论、认识论、方法论上的差异，但社会现象背后也一定存在一个"相对稳定"的联系。借助于自然科学中的认识论和科学方法，社会科学家可以揭示复杂社会系统运行过程中不同要素在不同层次上的因果关系机制。自然界中的"链式结构"概念就被很多社会科学家所借鉴，用以研究社会现象的过程及其存在的作用机制。

1. 链式中介模型

链式中介模型指的是多个中介变量之间存在相互影响，并且表现顺序性特征，形成相对稳定的"中介链"（见图3-1）。心理学对于链式中介

---

① 郭增建、秦保燕：《灾害物理学简论》，载《灾害学》1987年第2期。
② 万红莲、宋海龙、朱婵婵、张咪：《明清时期宝鸡地区旱涝灾害链及其对气候变化的响应》，载《地理学报》2017年第1期。

模型的研究群体多集中于在校大学生、初高中生、教师、企业员工等，探索自我评价、自我效能感、情绪智力、自我控制、职业倦怠、胜任力等变量之间的关系。例如，徐琳等人探索了授权型领导对员工"亲组织非伦理"行为的影响，发现授权型领导对员工"亲组织非伦理"行为具有显著正向影响，且心理授权和领导—成员交换在两者之间起到链式中介作用。① 连帅磊等人探讨了被动性社交网站使用、冗思、核心自我评价与初中生抑郁的关系，他们发现被动性社交网站使用不仅对初中生抑郁具有显著的直接预测作用，而且能够通过三种间接效应对抑郁产生影响，即核心自我评价的单独中介作用、冗思的单独中介作用以及二者的链式中介作用。② 马俊军和王贞贞分析了压力性生活事件对大学生生活满意度的影响，发现核心自我评价与情绪调节、自我效能感在压力性生活事件与生活满意度间起链式多重中介作用等。③

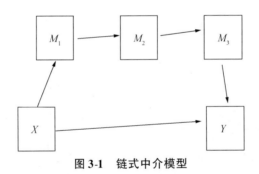

图 3-1　链式中介模型

2. 价值链与供应链

"价值链"这一概念是由著名战略管理家波特（M. E. Porter）于 1985

---

① 徐琳、王济干、樊传浩：《授权型领导对员工亲组织非伦理行为的影响：一个链式中介模型》，载《科学学与科学技术管理》2018 年第 6 期。
② 连帅磊、姚良爽、孙晓军、周宗奎：《被动性社交网站使用与初中生抑郁的关系：链式中介效应分析》，载《心理科学》2018 年第 4 期。
③ 马俊军、王贞贞：《压力性生活事件对大学生生活满意度的影响：链式多重中介模型》，载《中国临床心理学杂志》2018 年第 4 期。

第三章
因果机制与链式结构：理解风险转化

年在其所著《竞争优势》一书中提出的。① 价值链起初被看成一系列连续的活动,是原材料转换成一种最终产品的过程。现在,人们认为价值链是以某一方式不断地创新,为顾客创造价值的过程。在价值链中,不同的经济活动单元(供应商、企业合作者和顾客)通过协作共同创造价值。② "价值链"思想认为企业的发展不只是增加价值,而是要重新创造价值,更强调价值链的创新作用。随着互联网技术的发展,学者开始将价值链与大数据重新结合,提出"大数据价值链"的概念。大数据价值链由四个部分构成：一是数据获取,为产品或服务产生原始数据;二是统一存储不同来源的数据;三是应用算法和分析工具处理;四是智能引擎输出和用户体验。③ 近年来有学者提出"全球价值链"这一新概念,如斯特恩(T. Sturgeon)从组织规模、地理分布和参与主体三个维度来界定全球价值链：从组织规模看,全球价值链包括参与了某种产品或服务的生产性活动的全部主体;从地理分布来看,全球价值链必须具有全球性;从参与主体看,有一体化企业、零售商、领导厂商和零部件供应商。④

"供应链"管理也是企业管理中非常重要的一环。"供应链"是指围绕核心企业,从配套零件开始,制成中间产品及最终产品,最后由销售网络把产品送到消费者手中,将供应商、制造商、分销商直到最终用户连成一个整体功能的"网链"结构。莫拉什(E. A. Morash)最早对供应链能力进行了相关研究,指出供应链能力是企业获取竞争优势的源泉,包括客户服务、质量、信息系统支持、配送柔性、低物流成本、生产力、配送速度七个方面的维度。⑤

---

① M. E. Porter, *Competitive Advantage*: *Creating and Sustaining Superior Performance*, Free Press, 1985.
② 付泉主编:《管理信息系统》,华中科技大学出版社2013年版,第201页。
③ T. Gustafson & D. Fink, Winning Within the Data Value Chain, *Strategy & Innovation Newsletter*, Vol. 11, No. 2, 2013, pp. 7–13.
④ G. Gereffi, J. Humphrey, & T. Sturgeon, The Governance of Global Value Chains, *Review of International Political Economy*, Vol. 12, No. 1, 2005, pp. 78–104.
⑤ E. A. Morash, Supply Chain Strategies, Capabilities, and Performance, *Transportation Journal*, Vol. 41, No. 1, 2001, pp. 37–54.

洪春霞和李宁在"价值链"和"供应链"等链式结构的基础上,将企业结构划分为"并行链式""串联链式"和"混合交叉链式"三种典型结构模式。①在并行链式结构中,每个子系统均为具有多投入、多产出的系统,并且各个子系统之间相互独立。在串联链式结构中,前一个子系统的产出,对应后一个子系统的投入。因此,具有串联链式结构的企业的绩效水平由各个子系统共同决定。在现实中,更多的企业综合运用"并行"和"串联"两种企业链式结构,兼具两种链式结构的特征。

3. 政策链

公共政策的制定过程到执行过程同样要经历多主体参与的一系列环节,因此李武军和黄炳南引入了"政策链"这一概念,认为"政策链"是由各项政策基于彼此相关性、依据特定的层次结构和政策作用机制客观形成的政策影响链。②它是一个以纵向政策链和横向政策链为结构框架形成的"网链"结构系统,涉及政府、企业及消费者多个行为主体,以及宏观、中观和微观多个层面。纵向政策链由上到下依次为总体战略、基本政策、具体政策,横向政策链由各项基本政策和具体政策构成并体现政策间的关系。"政策链"可以随着作用对象发展变化的实际,不断进行优化和升级,如将"政策链"理论应用到低碳经济领域,为我国低碳经济发展政策制定提供新的思路(见图3-2)。③

4. 传播链

季玉群和吴秋怡认为,在网络新媒体传播范式下,信息不断传递、交流和互动,逐步形成了"信息传递—互动交流—立体扩散"三个逐步上升

---

① 洪春霞、李宁:《具有链式结构的企业运行模式及内部作用机理研究》,载《社会科学战线》2012年第5期。
② 李武军、黄炳南:《基于政策链范式的我国低碳经济政策研究》,载《中州学刊》2010年第5期。
③ 同上。

第三章 因果机制与链式结构：理解风险转化

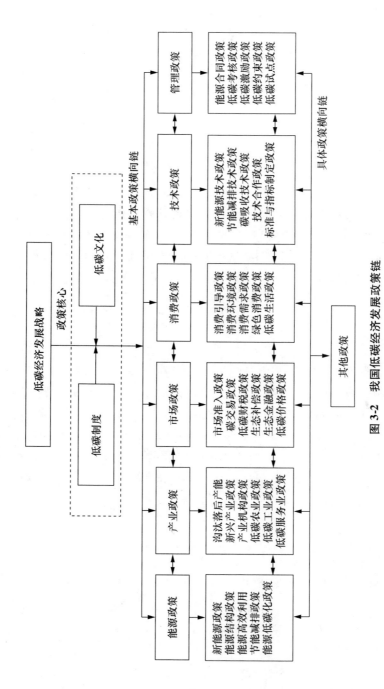

图 3-2 我国低碳经济发展政策链

资料来源：李武军、黄栴南：《基于政策链范式的我国低碳经济政策研究》，载《中州学刊》2010 年第 5 期。

的信息传递层次，最终组成一个连续的信息传播链。① 信息传播链由三个部分构成，分别为信息传递链、信息互动链以及信息扩散链。他们认为，网络新媒体技术以一种前所未有的扩张与连接的力量，实现了人类沟通与交往空间的扩张，国产艺术电影如果要借力新媒体网络营销，应从信息传递、交流互动到信息扩散，在传播链的各个环节多下功夫，不断推进。例如，魏晖晖通过分析 2010 年网络红人"微笑姐"成名事件的传播路径，探索网络环境下传播链的产生过程及其特征。研究发现人内传播、人际传播、群体传播、组织传播、大众传播等各种传播类型集于一身。② 各种传播类型又相互关联，相互渗透其间。在得到受众的响应之后，又把事件进行二次传播、多次传播，形成一个自我循环的传播链。也有的研究者借助于词覆盖算法的改进，通过对网络热点事件的新闻内容追踪，构建了新闻传播的逻辑脉络链，保证新闻传播研究的无损性、完整性和连贯性。③

5. 信息链

信息链理论通常被用在生产与运作领域中对该领域的纵向工业产品生产链进行优化。④ 梁战平认为，信息链是由事实（fact）→数据（data）→信息（information）→知识（knowledge）→智能（intelligence）五个链环构成的认知演进过程。从事实、数据到信息，从信息到知识，从知识到智能（情报）的转化，标志着人类的认知从低级阶段向高级阶段的演进。信息链理论的实质就是打破传统的信息传递过程中各信息节点被孤立对待的情况，将信息链中各个环节的信息节点和信息传递网络看作一个有

---

① 季玉群、吴秋怡：《信息传播链视角下国产艺术电影的网络营销及其价值提升》，载《艺术百家》2016 年第 5 期。

② 魏晖晖：《"传播链"和舆论引导——以"微笑姐"事件为例》，载《新闻界》2011 年第 3 期。

③ 付佳兵、董守斌：《一种基于词覆盖的新闻事件脉络链构建方法》，载《北京大学学报（自然科学版）》2016 年第 1 期。

④ 罗贤春、余波、姚明：《信息链视角的电子政务发展阶段分析》，载《图书馆学研究》2014 年第 6 期。

第三章
因果机制与链式结构：理解风险转化

机整体进行分析,进而就可以在很大程度上降低孤立情况中容易出现的信息失真、信息延迟现象。

6. 事件链

每一个群体性事件的发生,都是由一个"因素链"综合作用的结果。其中,一系列偶然发生的单个因素,按照其内在的逻辑连接,组成一个完整的因素链,进而诱发群体性事件。① 不同要素、事件之间的内在联系通过"事件链"的形式影响了不同类型突发事件的结果。② 有的研究者通过马尔科夫链及其相关数学方法对群体性事件的不同演化状态进行了情景推演模拟,研究发现:当社会结构性压力超过社会承受阈值时,在导火索事件诱发下,谣言具有"蝴蝶效应",对群体间消极情绪激化影响显著;通过群体情绪的相互感染和结构性传导,使群体社会认知产生偏差,导致行为缺乏理性,最终促成群体性事件发生。③ 有的研究者将群体性事件一般演化过程划分为 7 个环节:变动环、孕育环、激发环、酝酿环、爆发环、升级环以及减弱平息环。④ 在对邻避冲突的研究中发现,邻避冲突事件的发生是一个由"实在风险—感知风险—社会稳定风险"构成的风险链系统。⑤ 通过"链式"结构的构建,研究者揭示了各类群体性事件各个环节的前后承继性,并展现了群体性事件的整体性和系统性。

从社会科学目前的研究来看,"链式"结构被广泛应用于揭示时间上存在前后序列的两个要素或者事物之间的相互联系。通过链式结构,社会科学在心理机制、管理机制、政策机制、信息传播机制等方面建立了不

---

① 黄顺康:《论构建重大群体性事件的源头阻断机制》,载《国家行政学院学报》2011 年第 3 期。
② 袁宏永等:《突发事件及其链式效应理论研究与应用》,科学出版社 2016 年版。
③ 王循庆、李勇建、孙华丽:《基于随机 Petri 网的群体性突发事件情景演变模型》,载《管理评论》2014 年第 8 期。
④ 杨乙丹:《群体性事件的链式演化与断链防控治理》,载《甘肃社会科学》2013 年第 5 期。
⑤ 侯光辉、王元地:《"邻避风险链":邻避危机演化的一个风险解释框架》,载《公共行政评论》2015 年第 1 期。

同的模型,以此指导社会实践。链式结构具有稳定性,简单明了,能够集中展示两个要素和两个事物之间的相互关系如何影响了特定的结果。因此,无论是从自然科学的"链式结构"还是从社会科学的"链式结构"来看,社会不稳定事件的发生过程与影响因素都可以通过"链式结构"来展现。

第三节
自然灾害社会风险链的理论建构

一、从自然风险到社会风险

从自然系统平衡的角度来看,灾害在自然界运行的过程中是一种"常态"存在,并不是"异常"的显现。灾害是自然系统运行过程中破坏力作用于社会的显现过程。只要我们在气象要素与灾害之间建立稳定的关联,就能够帮助我们认识灾害、预测灾害进而作出事前预防。从这个意义上说,任何自然灾害的发生过程实际上都不是一个"突变结构",而是一个逐步演化、环环相扣的"链式结构"。[1] 正是基于这种认识论,在研究自然灾害时,人们提出了"灾害链"的概念。"链"实际上是一个连续、稳定的结构,借助"链"的转化结构,自然界集聚的破坏性能量可以实现传递。"灾害链"概念的提出,可以更准确地描述不同灾害之间相互作用的过程和关系。"灾害链"使我们认识到一个灾害实际上可能引发后发灾害,也就是说,在时间序列上存在先后关系的两个灾害之间可能存在因果关系。随着灾害事件的连续发生,每一次后发灾害都会带来更大的破坏力。它就像是原子弹爆炸时的核裂变链式反应,使受灾范围从一个地域空间逐渐扩散到另一个更广阔的地域空间,存在灾情的扩散与

---

[1] 哈斯、张继权、佟斯琴、李思佳:《灾害链研究进展与展望》,载《灾害学》2016年第2期。

第三章
因果机制与链式结构：理解风险转化

放大效应。①

2010年8月7日晚至8日凌晨，甘肃省舟曲县发生特大山洪泥石流灾害。事后，专家在分析这场灾害的原因时，认为最重要的两条原因是：第一，连日来的强降雨；第二，汶川地震对舟曲附近的山体破坏程度严重，岩石、土壤比较疏松。舟曲县距离地震震中四川省汶川县映秀镇并不远，2008年汶川地震发生时，地震波对舟曲也造成了重创。汶川地震后，舟曲县许多陡峭的高山、岩壁、斜坡都出现了裂隙和滑坡。汶川地震导致岩石变得松散，经过连日的暴雨袭击，土壤饱和度已经非常高，具备形成泥石流的所有条件。有的专家认为舟曲特大山洪泥石流灾害是汶川地震的一种"衍生灾害"。

两个独立的灾害事件之间既可能存在前后的激发效应，也可能存在能量累积、破坏力扩散等效应，灾害之间存在的因果关系使得灾害系统的复杂性大大增加。灾害不仅仅是自然界内部运行和再平衡的过程和结果，还是自然界与人类社会之间互动的结果，并对社会过程造成重大影响。灾害的发生不是一种偶然事件，而是一种系统"动态平衡的结果"。② 随着现代社会的发展，自然系统与人类社会之间的联系越紧密，灾害的破坏力传播和扩散就越复杂。一方面，自然灾害的发生很大程度上是因为人类社会活动对自然界运行过程的干预和破坏；另一方面，自然灾害的发生导致了社会变迁，社会的资源分配机制、政治统治能力、社会控制体系完备性等都可能遭受破坏和重塑。宏观社会变迁或者结构重塑作为一种机会或情景又增加了自然环境的脆弱性，使灾害再次发生的可能性大大增加。

每一次的灾害背后都隐含着复杂的社会关系，诸如阶层不平等、风险的不公平分配等。③ 一旦发生自然灾害，这些日常没有被关注到的、隐

---

① 史培军:《灾害研究的理论与实践》，载《南京大学学报(自然科学版)》1991年第11期。
② D. Alexander, *Natural Disasters*, UCL Press, 1993.
③ 〔德〕乌尔里希·贝克:《风险社会》，何博闻译，译林出版社2003年版，第99—106页。

灾后风险与危机应对
结构·情感·文化

藏的复杂社会关系、结构性紧张就会被揭露出来,结果可能导致政策变迁,甚至可能引发社会矛盾和冲突。[①] 中国早期经典文献都特别关注"幾""微""危""殆""灾""难"风险演化链,[②] 现代研究灾害的学者也认识到灾害与民变或农民起义的关系,认为灾害破坏生产系统,减少了人们赖以为生的粮食、水等生活必需品的供应,引发大规模的人口流动和流失,削弱了地方政府的财税基础与社会统治能力。在这种灾害情境下,政治权力的竞争、文化的冲突、历史留下的仇恨以及对生存资源的竞争都会持续引发冲突甚至动乱。[③]

在发生自然灾害的背景下,尤其是在遭受严重损害的大灾大难面前,人们往往会为了获得安全感而积极搜索信息、努力扩大生存空间和机会、定义自己所处的悲惨情景及个体损害归责倾向而指责地方政府。这些行为和意向通常会导致灾民发起各种集体行动:灾民或聚众哄抢物资,或冲击地方政府,甚至引发地区性的动乱,成为灾区救灾和重建要面对的挑战。[④] 如果不能及时、妥善处理重大自然灾害的应急救援和重建工作、保障灾区民众的基本生活、维护灾区社会的基本秩序,可能就会引发一系列连锁效应,甚至诱发各种各样的"后发社会危机"。"后发社会危机"是指在灾害事件直接作用力的冲击下,受灾群众的救援需求与政府救灾供给不匹配,诱发公众不满情绪积聚所可能导致的社会矛盾和冲突。受灾群众的救援需求与地方政府的救灾供给匹配错位所诱发的公众不满情绪积聚,进而成为导致公众对政府评价的价值逆转(从正到负)的关键原因,这是灾害或者事故诱发连锁反应,导致一系列"后发社会危

[①] 周利敏:《社会建构主义:西方灾害社会科学研究的新范式》,载《国外社会科学》2015年第1期。

[②] 刘宝霞、彭宗超:《风险、危机、灾害的语义溯源——兼论中国古代链式风险治理流程思路》,载《清华大学学报(哲学社会科学版)》2016年第2期。

[③] 李永祥:《干旱灾害的西方人类学研究述评》,载《民族研究》2016年第3期。

[④] 周利敏:《重大灾害中的集体行动及类型化分析》,载《北京行政学院学报》2011年第6期。

第三章
因果机制与链式结构：理解风险转化

机"的生成基点。① 因为一个灾害和事故引发"后发社会危机",进而导致更加重大的损失和影响的案例并不在少数。例如,2005年发生的吉林石化公司爆炸事故最终引发了松花江水质污染,导致哈尔滨发生了严重的抢水风波和社会恐慌;2015年天津港"8·12"瑞海公司危险品仓库特别重大火灾爆炸事故发生后,由于新闻宣传和沟通上的问题,周边居民对空气质量、水域污染、土壤污染问题比较担心,产生了一定的恐慌情绪。可以说,自然灾害激发了社会内在的结构性问题,并将这种潜在的"风险"展现在社会成员面前,冲击社会成员对社会结构、制度、规范的认可和支持。从自然风险到社会风险,这两个独立存在又交叉影响的系统之间存在稳定的影响过程。它们之间的因果关系体现了自然界破坏力对社会风险的激发、强化过程,最终灾害一般都会诱发各种各样的社会风险事件。

二、自然灾害社会风险要素:理性、情感与文化

社会风险的主体和客体都是作为行动者的"人"。行动者是指一项"行动"中的一个当事人。一个具体的行动者在追求具体行动目标的过程中,被设想为在一个特定的具体情景中采取行动。② 行动者并不是独立于行动领域而存在,而是根据"条件"来行动的。在面对社会情景的复杂性和不确定时,作为社会个体的单一行动者到底能在多大程度上实现其行为目标,不仅取决于个体理性选择,也取决于他人是如何行动的。③ 社会成员的行为不应仅仅归于以往的社会化,而且还应归于他们对其行动领域内诸种机遇和制约力量的感知,应归于他们对游戏中其对手行为或多或少的直觉性预期,应归于他们对各自短期利益和长期利益的理

---

① 张春颜、闫耀军:《重大灾害引发"后发危机"的生成机理与防控策略研究——基于典型案例的对比分析》,载《上海行政学院学报》2016年第6期。
② 〔美〕T.帕森斯:《社会行动的结构》,张明德、夏翼南、彭刚译,译林出版社2003年版,第55页。
③ 〔美〕托马斯·C.谢林:《微观动机与宏观行为》,谢静、邓子梁、李天有译,中国人民大学出版社2005年版,第16页。

解，即他们具有"理性策略本能"。但"理性"始终是情境性的，它嵌入由特定的社会情景所构成的"选择结构"和"文化框架"之中。"选择结构"一般是指某种特定的主观性与客观性的结合、选择性和结构性的结合、确定性和不确定性的结合所形成的决策约束体系。"选择结构"说明行动者必须考虑复杂的客观要素和制约条件。它建立在选择者对自己所处的社会经济环境特点的认识和了解的基础上，又建立在自己对社区合作者或外界力量的利益以及他们的策略行为能力的了解基础上。[①] 行动领域的结构对他们的理性与行动构成了条件限制，他们的行动反过来又对行动领域的结构产生影响。在特定结构和文化系统中，行动者的行为更多是一种"情境理性"的选择行为。

除了"情境理性"之外，社会个体选择什么样的行动方式也受到情感的制约。特别是在社会运动、集体行动和抗争活动中，情感一直是一个重要的影响因素。从心理学的视角来认识人们行为背后的动机和影响因素在早期社会运动研究中产生了重要影响。群体心理、加值理论、相对剥夺感、群体认同、怨恨解释、群体团结等概念和框架揭示了个体或者群体在集体行动过程中为何行为、如何行动的问题。[②] 情感不仅仅能够实现社会成员的共意动员，还能够激活个体的道德感，从而引发集体行动。[③] 研究表明，不公平感、相对剥夺感、不平等、怨恨等情感在不同类型的集体行动中发挥着关键性的作用。这些情感不仅激发了个体的参与意识和道德责任，往往还会强化群体认同和群体效能。怀有相同情感体验的个体不仅将自己的行动赋予道德意义和合法性，还坚信个体行动必将引发同情和支持。对集体行动和集体认同的观念将会扩大集体行动的参与规模，客观上又会增强集体认同和集体效能感，为集体行动的升

[①] 郭巍青、黄岩：《日常生活中的权力和政治——以下塘村修祠为例》，载《开放时代》2005年第2期。
[②] 刘能：《社会运动理论：范式变迁及其与中国当代社会研究现场的相关度》，载《江苏行政学院学报》2009年第4期。
[③] 余红、吴雨倩、晏慧思：《网络抗争事件的情绪传播和引导——以山东辱母案为例》，载《情报杂志》2018年第5期。

第三章
因果机制与链式结构：理解风险转化

级提供了动力。① 只有理解情感对个体行为的影响，并将这种作用过程置于特定的社会结构和文化背景下，我们才能更科学地揭示灾害背景下个体为什么会发起抗争行动及其背后的过程机制。

三、自然灾害社会风险链的结构模型

在自然系统，灾害传播和扩散的"链式结构"基本遵循了能量守恒、能量转化和传递、能量再分配的原则。能量守恒原则是自然界的普遍法则之一。能量守恒原则表明，在一个独立的、相对封闭的系统中，总能量保持不变，既有能量的耗散，也有新能量的生成，从而维持系统处于总能量恒定的状态。能量转化和传递原则表明，能量高的物体与能量低的物体接触，能量就会发生转移和传递。在能量转移的过程中，能量可以发生转化，如太阳能可以转化为电能，风能可以转化为电能等。在不同物体之间的能量转移具有稳定的方向性，而能量的转化则具有不稳定性，无明确的方向性。能量再分配是指能量经过转移和转化后会按照新的系统结构重新稳定下来，从而达成新的能量状态。为了揭示自然灾害与社会事件之间的因果关系及过程机制，我们借鉴自然灾害"链式结构"的概念和框架构建了"自然灾害情境下的社会风险链"，并结合具体的个案来讨论不同要素和能量转化的过程机制。

自然灾害诱发社会风险链的过程中，社会结构、灾民文化、情景理性与情感共同起作用。从社会结构的角度来看，自然灾害作为一种客观风险揭开了长期隐藏在社会结构中的贫富差距、歧视性政策、政治权力的不均衡等问题。在自然灾害背景下，受害者会将自己的悲惨遭遇与被暴露出来的社会结构问题相联系，从而将"灾害"建构成"非自然现象"：之所以成为受害者，不是因为"天灾"而是因为"人祸"，实现自然灾害社会化叙事和政治化归因。通过受灾个体对自然灾害的社会建构过程，自然

---

① 刘中起、孙时进：《情感与效能：集体行动中群体认同的理论与实践视阈》，载《西南民族大学学报（人文社科版）》2016 年第 8 期。

灾后风险与危机应对
结构·情感·文化

灾害破坏力实现了"能量转移",从"自然"系统转到了由人组成的"社会"系统,特别是政治权力系统。灾民不再关注自然系统变异问题,而是关注社会结构问题、政策问题、社会治理效能问题以及人际关系问题等,自然灾害的"场景"转向了日常生活、政治权力与社会成员间关系。

一旦灾害能量转移到社会系统,个体的理性、情感和文化记忆共同发挥作用,塑造了个体行动者的认知结构和行动策略选择。在自然灾害情境下,对安全缺乏稳定预期、生活困顿引发的负面情绪、救灾效率与期望之间的落差、遭受财产和人身伤害的愤懑都可能会成为支配个体行动的情感因素。为了获得安全预期,灾民往往急切希望获得足够的信息来确认自身的处境。对信息的渴望,必然会催生小道消息、谣言,引发误解、恐慌和不满。部分灾民对救灾的期待与现代救灾体系的法制化、程序化、文书化产生冲突,在长期形成的依赖心理下,救灾的低效率又会催生重新定义身份和情景的问题。灾害发生后,部分灾民不是将自己所遭遇的悲惨情景归因于自然变异的结果,而是归因于地方政府救灾的迟缓、不公平以及腐败等问题。这种对自身悲惨情景的归因一方面限制了个体自救的意愿和行动能力,另一方面会引发灾民归责于政府。一旦在自然灾害情景建构的过程中,政府被视为"责任方",则会强化灾民的归因合理性,从而引发针对地方政府的集体行动。在自然灾害情境下,日常的理性行动逻辑让位于情感逻辑。情感的支配性作用强化了灾民自我建构灾害情景的主观性,一旦形成了群体情感,社会成员的抗争行为相比纯粹为了物质利益而开展的理性维权行动要激进得多。①

理解自然灾害诱发社会风险的过程和因果机制需要一个整合的框架,将社会结构、文化背景、个体理性与情感要素(灾民心理)考虑进去。在社会运动研究中,结构、文化、理性和情绪四个因素都会影响社会运动的发生过程。然而,结构和文化相对来说外在于行动者而存在,而理性和情绪则是社会性地建构在结构和文化因素基础之上,是行动者个体的

---

① 郭小安:《社会抗争中的理性与情感的选择方式及动员效果——基于十年120起事件的统计分析(2007—2016)》,载《国际新闻界》2017年第11期。

第三章
因果机制与链式结构：理解风险转化

内部能动因素。外在于社会个体行动者的结构和文化因素可以塑造社会个体成员的理性选择和情绪性反应的形式，对个体的参与意愿和参与行为可能会产生更显著的影响。① 只有把结构、文化、理性和情绪对个体行动的影响整合在一起，阐述不同要素如何产生作用的过程机制，才能理解自然灾害诱发社会风险的转化结构与作用机制（见图3-3）。

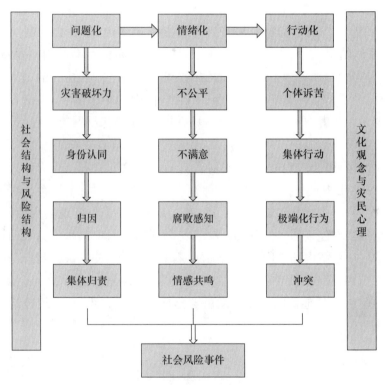

图 3-3　自然灾害情境下社会风险链的转化结构

从微观层次上说，灾害情境下社会风险链的形成是个体对灾害情景进行社会化建构后，借助于个体的情感和心理机制进行归因、归责后采

---

① 周敏、王晗宁：《社会运动参与动机的整合模型：以我国反日游行为例》，载《清华社会学评论》2017年第1期。

灾后风险与危机应对
结构・情感・文化

取抗争行动的过程。在灾害情景建构的过程中,个体体验到的恐慌、依赖、怨恨等情绪会引发部分灾民一系列的行为,包括盲目收集信息、为资源而竞争以及心理创伤引发的极端行为。在中观层面,部分灾民会根据灾后自己的情景对自身遭遇进行"再定义",进而进行损害"归因"。"灾害情景的再定义"与个体外在归因逻辑会将损失归因于外部主体,如企业、地方政府、建筑商、管理者等被认为应该为灾害"担责"。通过"再定义""归因""归责"活动,灾民将自身受灾情景建构成"社会问题",进而产生紧张情绪,引发集体行动。在宏观层面,特定的社会结构问题、救灾文化与灾民心理为微观过程中的情绪与心理机制、中观层面的归因归责机制提供了支持性资源。一方面,社会结构中的不平等、不平衡容易形成"弱者—强者"的对立,弱者天然具有道义,强者天然具有责任;另一方面,长期以来形成的对政府责任的无限扩大、对政府救灾能力"神话"以及对政治合法性的塑造,使灾民对救灾的期望值非常高。当灾区民众对政府的信任、期望与救灾现实之间存在巨大的落差时,个体会不再关注已经成为"过去式"的灾害问题,而是关注发生在当下的现实生活问题。心理落差、不公平感、生存压力、缺乏安全预期等因素揭露了隐藏的社会不平等,社会结构和制度中的缺陷暴露出来。一旦灾民认识到自身的困境是"结构性""制度性"的问题,自然灾害的社会建构就由"社会化"转向了"政治化",他们的集体行动就会指向政治权力系统,挑战政治和社会秩序。

第四章
自然灾害社会风险链的结构要素

在社会科学研究中,通过对整体的研究来认识部分,是一种常用的结构主义研究进路。结构主义视角是研究社会运动、集体行动、国家革命的重要视角,影响了20世纪40年代以来的社会科学研究进路。社会结构作为宏观条件,很大程度上决定了社会成员在社会交往中的位置、关系与体验。在有关社会运动、集体行动、国家革命的研究中,"结构"主要包括两个部分:一是国家的结构及其行为方式;二是社会的结构及社会成员的行动结构。国家的结构要素包括国家性质、权力的合法性基础、国家行为模式;社会的结构要素则包括社会中层组织的发达程度及其性质、人与人之间的关系等内容。[①] 社会结构失衡容易引发社会成员的心理紧张、社会隔离、相对剥夺感、原子化的个人、紧张与异化、社会地位衰落等,进而引发社会运动、集体行动和国家革命。[②] 理解自然灾害情境下社会风险链的形成和转化过程,首先应该关注社会风险的承受者——民众所处的社会结构及其蕴含的张力,揭示社会结构对灾区民众认知和行为的影响,才能理解灾害社会风险生成和转化的制度性根源。

第一节
当代中国社会结构与集体行动

一、灾害与集体行动

在常态情境中,社会成员的集体行动主要围绕着利益来进行。很多

[①] 赵鼎新:《西方社会运动与革命理论发展之述评——站在中国的角度思考》,载《社会学研究》2005年第1期。

[②] 杨灵:《社会运动的政治过程》,载《社会学研究》2009年第1期。

灾后风险与危机应对
结构·情感·文化

集体行动往往局限于一个很小的群体之内,参与集体行动的成员之间拥有共享利益或者紧密的社会关系网络。利益和社会关系网络成为集体行动动员、集体行动持续的重要组织基础。超出共享利益和社会关系网络之外,这些集体行动的诉求往往缺乏足够的社会同情和支持,更不用说参与行动了。运用集体行动手段追求特定目标的组织者必须充分利用自身的权威、策略、社会资本来维持群体的凝聚力,避免因对方反击而遭遇组织解体和抗争失败。共同利益、宗族网络、地方性认同、身份认同、道义政治等资源就成为集体抗争的常见动员机制。单位、村庄、家族等共同体成员成为集体抗争的社会组织基础,为抗争性集体行动提供快速动员能力。[①]

在灾害情境中,集体行动的参与者与日常非灾情境中集体行动的参与者有很大的不同。他们的身份非常显著——灾民,天生具有弱者的标签,更容易引起社会的同情和支持。尤其是在灾害情境中每个个体对自身情景和未来预期缺乏安全感的情况下,他们的遭遇容易与特定的社会结构发生"撞击":个人的遭遇被看作是特定社会结构的外显结果,从而对自身的遭遇进行"问题化"建构。就像在社会运动的研究中,研究者发现运动的发起者并不是按照理性的思维寻求制度化的表达途径,而是一开始将自己的遭遇"概念化"为社会结构缺陷,由此生成针对社会结构要素的行动指向。斯梅尔塞分析了社会运动的参与者如何将自身的问题与特定的社会结构联系起来的过程。他认为所有的集体行动、社会运动甚至革命的发生,都是由6个方面的因素叠加后产生的,包括结构性诱因、结构性紧张、一般化理念、触发条件、行动动员和社会控制结构的失效。[②] 其中,"结构性诱因"这一因素表明特定的社会结构是造成集体行动的温床,是集体行动产生的基础性社会背景。可以说,每一个集体行

[①] 汪华、陈玮:《地缘网络、乡土意识与农民工集体抗争》,载《学术界》2016年第1期。

[②] Neil J. Smelser, *Theory of Collective Behavior*, Free Press, 1962.

第四章
自然灾害社会风险链的结构要素

动的背后,无论是参与者还是集体诉求,都有结构性特点,都反映了特定社会结构背后的问题和结果。

对于大多数社会成员来说,对一个社会现象进行"问题化"建构并对这个社会问题形成社会共识的客观机制靠的往往不是深刻的理性分析,而是"感同身受"后形成的"一般化"的主观信念,即认为相当多的社会群体与自己持有相同的看法和行动意愿。我是谁?我为什么这样?是什么原因导致这个问题?社会个体成员会不断对自己感受到的、观察到的社会现象进行"问题化"建构。人们普遍感觉社会在某些方面出了问题,更加关注一些具有普遍性意义的问题,如社会不平等、不公正、社会压迫、剥削等。他们认为正是这些问题造成普遍的社会不满,而既有的社会权威与制度体系无法解决这些问题。作为特定社会结构的后果,"结构性紧张"是诱发群体行动意向的因素。这种"结构性紧张"使作为行动者的社会成员明确感受到了他们的诉求是什么,并认为有足够的理由采取集体行动以表达这种诉求。① 在斯梅尔塞眼里,"一般化理念"很可能是出于愚昧和无知而产生的"神话",但是对集体行动的发生来说,重要的并不是真实社会是什么样子,而是民众主观"认知"到的社会是什么样子。一般化理念从某种意义上说是再造、深化甚至是夸大了人们的怨恨、剥夺感或压迫感。有了一般化理念,集体行动或社会运动的发生就不远了。②

自然灾害在施展了它的破坏力后,受灾民众如何将自己的遭遇与社会结构要素结合起来,就决定了他之后如何"建构"自己的身份、如何归因以及如何行动表达自己的诉求。在当代中国的各类集体行动中,社会结构是影响民众社会感知的关键因素。从历史传统上看,在中国,统治者和民众之间形成了一种有着一定支配与服从关系的政治统治体系。

---

① 关凯:《社会学家怎样看待群体性事件的发生原因》,https://www.chinesefolklore.org.cn/web/index.php? NewsID=4030,2019年2月10日访问。

② 赵鼎新:《社会与政治运动讲义(第二版)》,社会科学文献出版社2012年版,第64页。

这种政治统治体系建立在儒家伦理规范之上,民众认可统治者权力的神圣性与合法性,统治者则承诺为民众提供安居乐业、温饱无忧的环境。在这种支配与服从关系的基础上,官员与民众的密切关系、社会平等以及国家对社会个体的责任承诺构成社会结构内洽和稳定的基础性要素。本章基于此分析民众集体行动的结构性因素。

二、中国国家—社会结构性张力

1. 现代官民之间的结构性关系

在社会结构中,"国家与社会关系"成为解释个体行动、集体行动的重要概念。但是,与西方不同的是,中国的"国家"实际上体现了由"家"到"国"的构建过程,即中国的"国家"概念与西方"国家"所具有的普遍性、自主性不同,"国家"深深地植根于社会之中,没有形成西方社会所具有的"国家—社会"二元分离、相互制约的关系。中国的"国"更多是基于"家"的延伸所构建的共同体,是处于个体、家庭、家族、国家、天下连续统中的一个"中介物"。"王"或者"君主"是国家的象征和代表,是"天下"体系的现实存在。王或君主以"天命"行事,代表"天"来维持天下的秩序和安全。官僚体系则按照"天道"和"臣道"来履行自己的牧民之责。可以说,在中国的国家体系中,"国家"是道德化的存在,君主和官僚是国家的具象化存在。

在古代中国,以儒家伦理信条为指导的政治统治体系特别重视"官民关系"问题。荀子曾指出:"马骇舆,则君子不安舆;庶人骇政,则君子不安位。马骇舆,则莫若静之;庶人骇政,则莫若惠之。选贤良,举笃敬,兴孝弟,收孤寡,补贫穷,如是,则庶人安政矣。庶人安政,然后君子安位。传曰:'君者,舟也;庶人者,水也。水则载舟,水则覆舟。'此之谓也。"(《荀子·王制》)曹操也在《度关山》中写道:"天地间,人为贵。立君牧民,为之轨则。车辙马迹,经纬四极。黜陟幽明,黎庶繁息。"从儒

第四章
自然灾害社会风险链的结构要素

家政治伦理上说,君也好,官也好,判断其好坏的标准在于是否"为民""惠民""安民"。只有建立在"为民""惠民""安民"的前提下,政治权力统治的合法性才得以确认,君主、官员的德性才能够流芳,而君主、官员的权力和物质生活也才被"民"视为他们应得的"报酬"。

在理想的状态下,君主、官僚、士大夫们能够忠诚地按照儒家伦理履行职责。他们在个人德行、家庭教育、禄位、天下责任上形成了内在一致性的道德准则,并能够身体力行。① 特别是在应对灾难的过程中,官员的道德准则和行为直接决定了救灾的实际效果。② 官僚集团对儒家伦理意识形态,特别是基于天人合一、灾异象说而形成的对"秩序与稳定"这一社会利益最大化的追求与官员自我利益的认可越一致,越能够激励他们在救灾的过程中发挥最大作用。灾害发生期间,这套观念对官僚集团的成员产生心理压力,迫使他们救荒尽心尽力。这种"相容性激励"的来源就在于儒家伦理意识形态,即忠孝仁悌、忠君爱民的意识。但是,儒家伦理主张的"仁政""爱民"却忽视了一个本质的问题:君、臣、士大夫们既是掌握统治权力的集团,也是一个活生生的社会个体。无论君主还是官僚接受过多么系统的儒家教育,他实际上还是拥有私人利益、复杂社会网络的"人"。在日常生活中,即使是饱读儒家经典的士人,也无法摆脱对物质、财富、地位、名声的追求。"志在温饱,而自谓伯夷叔齐;质本齐人,而自谓饱道饫德。分明一介不与,而以有莘借口;分明毫毛不拔,而谓杨朱贼仁。动与物违,口与心违。"③一旦官僚体系中的个体对儒家伦理道德观念的认同弱化了,特殊利益如集团利益、个人利益超越了对天下秩序与稳定的追求,在救灾的过程中势必会出现渎职、贪污以及其他违法行为。

---

① 〔美〕罗威廉:《救世——陈宏谋与十八世纪中国的精英意识》,陈乃宣等译,中国人民大学出版社2013年版,第646—653页。
② 〔法〕魏丕信:《18世纪中国的官僚制度与荒政》,徐建青译,江苏人民出版社2003年版,第91页。
③ 〔美〕黄仁宇:《万历十五年(增订纪念本)》,中华书局2006年版,第179页。

从民众的角度来看，官员依据自身的知识而获得名望，因君主授予权力而有"牧民"之责。在中国民众的政治信仰中，君主的权力是"神授"，而官员的权力来自"君授"，既要体现君主的意图，又必须遵守至高无上的"天道"——儒家伦理体系对君主和官员道德责任的终极定位。民众对待君主和官员，更多是期待他们依照儒家的伦理将自己的安危福祸视作责任。秉承勤政、仁政、爱民的君主和官员被视为道德的化身，苛政、暴政往往被视为违背天道的政治统治行为。国家政治统治体系及其成员的道德泛化主导了社会结构中的官民关系，道德期望与治理实践之间的背离往往成为官民冲突的价值根源。

从历史上看，儒家伦理体系借助于对"天道"与官员"私德"的倡导，实现了"公"的系统与"私"的系统的协调和配合。官与民之间的"官民相得"的时间要远远长于"官民相争"的时间，整体上创造了政治稳定的局面。然而，这种稳定的政治结构却在近代以后面临自发的破坏性发展。一方面，地方士绅阶层逐渐脱离乡村生活，瓦解了传统的社会治理结构；另一方面，现代国家建设转型，尤其是现代国家权力组织的官僚化强化了国家对乡村社会的控制力度和剥夺程度。

近代以来，乡村与国家政权之间经常因为税收问题发生冲突。国家为推进富国强兵和国家建设目标、巩固自己的权力，不得不与乡村"新精英"结为政治联盟，冲击乡村社会传统的"保护型经纪"权力—文化网络。民众与国家之间、国家代理人之间、"赢利型经纪"之间的冲突成为20世纪前半叶中国地方政治冲突的主要表象。国民政府时期，农村地区的苛捐杂税和摊派现象十分严重，导致国家与农民之间持续处于紧张、对立和对抗状态。在国家建设对税收的需求因"赢利型经纪"的逐利行为而不断增加的情况下，农民对于自身承担的国家赋税、遭受的地方政府的财政剥削、"赢利型经纪"个体私利的侵害觉得已经无法忍受。相对于传统地主而言，国家政权、"赢利型经纪"让农民产生了更强的剥夺感，于是国家政权及其代理人成为广大农村地区农民抗议活动的目标。例

第四章
自然灾害社会风险链的结构要素

如,在20世纪上半叶的江南地区就出现了农民的抗税行动。为了保护财政收入,国家借助于制度性支持和强制性力量来维护土地地主所有制,以便能够获得稳定的税源。国家通过制定地租额度与保障地主地租收入使得国家自身成为农民抗议活动的目标。①

中华人民共和国成立后,乡村社会结构再造与国家经济发展战略结合在一起。面对城市人口大规模的增长以及由此带来的城市粮食供应、就业问题,现代国家建设需要从农村获取资源。为加强城市管理,政府建立了户籍登记制度,由此形成了"城乡二元体制"。在现代化的压力下,国家通过"粮食统购统销"政策、工农业产品价格"剪刀差"从农村获取生产资料和生活物资,以满足国家经济发展对资源的需求。② "城乡二元体制"的建立使城乡之间出现了不平等状况,对20世纪50年代至70年代的经济发展和城市秩序产生了影响,并形成了事实上的城乡二元分割。在国家的号召下,城市青年下乡从事生产活动短时间内缓解了城市管理压力,但并没有缩小城乡差距。自然灾害、国家征收任务、集体生活方式等抑制了生产者的积极性,农村生活并没有得到很大的改善。经过社会主义建设探索和一些运动的冲击,农民与国家之间的亲密关系受到一定的影响。③

2. 政治信任的层级差序结构

政治信任是指民众对政治体系及政治生活方式的信心,对政治制度、政府及政策的信任,特别是对公职人员的信任。④ 政治信任的内涵具

---

① 〔美〕白凯:《长江下游地区的地租、赋税和农民的反抗斗争1840—1950》,林枫译,上海书店出版社2005年版,第270页。
② 徐从才、沈太基:《论我国工农产品贸易条件及其完善》,载《财贸经济》1993年第12期。
③ 〔美〕弗里曼、毕克伟、赛尔登:《中国乡村,社会主义国家》,陶鹤山译,社会科学文献出版社2002年版,第380页。
④ 刘昀献:《当代中国的政治信任及其培育》,载《中国浦东干部学院学报》2009年第4期。

有三个层次：民众对待政治制度、政府机构的态度、民众对作为个体的政治家的态度，以及民众对待整个政治共同体即所属国家的态度。政治信任是"政治支持"的组成部分，是政治合法性和政策有效性的重要基础，对政府管理、经济发展和社会稳定具有重要意义。一般来说，民众对国家和政治体系的政治信任下降会损害政治合法性，增加政府管理成本，妨害政策有效执行，甚至造成社会不稳定和政权危机。①

总的来看，中国民众对政府信任比较高。《2011年全球信任度调查报告》显示，中国政府以88%的信任度排名全球第一，比2010年的74%提高了14个百分点。② 2020年3月3日，美国公关公司爱德曼发布了2020年度"全球信任度调查报告"。报告显示，中国民众的政府信任度居世界各主要经济体首位，达到90%（2019年为86%），远高于世界平均水平。③

政治信任研究发现，公民对政府的信任存在"级差信任"格局：行政层级位置越高的政府，公民的信任度越高；越是到基层政府，公民的信任度越低。④ 级差政治信任集中地体现在一些特殊的群体社会维权行动中。在中国，信访是一种救济途径和制度化的参与渠道，一定程度上也可以衡量信访群体的政治信任选择。多年来，中央相关部门受理信访量的增加，说明信访者更信任中央政府，对中央能解决他们的问题抱有更大的希望。⑤

影响政治信任的因素是多样化的，社会人口属性、政治制度、政府结

---

① 朱春奎、毛万磊：《政府信任的概念测量、影响因素与提升策略》，载《厦门大学学报（哲学社会科学版）》2017年第3期。
② 马得勇：《政治信任及其起源——对亚洲8个国家和地区的比较研究》，载《经济社会体制比较》2007年第5期。
③ 兰辛珍：《为什么中国民众对政府的信任度最高？》，载《北京周报》2020年3月9日。
④ 李艳霞：《当代中国政治信任研究的缘起、方法和理论论争》，载《厦门特区党校学报》2011年第2期。
⑤ 上官酒瑞：《中国政治信任的现状及其风险》，载《理论与改革》2011年第5期。

第四章
自然灾害社会风险链的结构要素

构、经济发展水平、社会资本、文化等六个方面的因素都可能影响到个体的政治信任,但最主要的影响因素是政治制度、政府及政策、公职人员的行为。研究发现,阶层地位、权威主义价值观和人际信任对中央和地方政府信任均产生显著影响;而教育年限和政府责任认知仅对中央政府信任有显著影响;世代因素对地方政府信任的影响则比较显著。① 民众所在的区域、户籍、与政府接触的频率、是否有过来自政府的不公正对待都会影响个体对政府的信任程度。② 制度因素也是影响民众对政府信任存在"级差"现象的重要原因,财政体制、人事晋升制度、政府间关系、信访制度都会影响到民众对政府的信任。例如,除性别、年龄、政治效能感等因素对政治信任的影响具有显著性外,信访对政治信任的流失具有一定的影响。③

灾害直接影响着民众对政府的信任。灾害发生后不久,面对自然灾害,民众自发而生的团结情绪、同情心、爱国心可能会迅速提高民众的政治支持。④ 通常而言,洪灾、旱灾和地震等自然灾害越严重,民众对国家和政府救援的期待越高。同时,这种期待很可能在短期内转换为民众对政府及其官员的支持或者不满。⑤ 在自然灾害情境下,受灾情况、政府的救灾措施以及救灾过程中的信息传递这三个要素共同影响民众的政治支持度。自然灾害的巨大冲击及救灾行为会影响民众的政治支持,特别是在公共期待与"团结"效应的感染下,如果政治领导人能够在灾后第一

---

① 王毅杰、乔文俊:《中国城乡居民政府信任及其影响因素》,载《南京社会科学》2014 年第 8 期。

② 管玥:《政治信任的层级差异及其解释:一项基于大学生群体的研究》,载《公共行政评论》2012 年第 2 期。

③ 胡荣:《农民上访与政治信任的流失》,载《社会学研究》2007 年第 3 期。

④ Tim Groeling & Matthew A. Baum, Crossing the Water's Edge: Elite Rhetoric, Media Coverage, and the Rally-Round-the-Flag Phenomenon, *The Journal of Politics*, Vol. 70, No. 4, 2008, pp. 1065-1085.

⑤ F. Glenn Abney & Larry B. Hill, Natural Disasters as a Political Variable: The Effect of a Hurricane on an Urban Election, *American Political Science Review*, Vol. 60, No. 4, 1966, pp. 974-981.

灾后风险与危机应对
结构·情感·文化

时间进入救灾和重建现场,或者政府能够在短时间内动员大量资源投入救灾和灾后重建,都可能赢得广泛的政治支持。① 国家主导的媒体宣传在提升民众尤其是灾民对政府信任上起到了关键的中介作用。研究发现,民众接收官方媒体信息的频率越高,官方宣传的议程设置功能越明显,民众对基层政府的政治信任在短时间内提升的幅度越大。

但自然灾害既可以增进民众的政治信任,也可以弱化民众的政治信任。自然灾害情境下的基层政府及其工作人员将面临比日常情境中更大的民众信任流失压力。特别是随着救灾和重建工作的展开,时间越长久,因突发灾难带来的社会团结感会逐渐消退,灾民也就越容易发现救灾和重建中不满意的问题,进而降低对基层政府及其工作人员的信任。② 如果政府对自身角色与责任认知不清,导致政府救助失灵、效率低下,则会削弱民众对政府救灾的满意度,进而导致政府信任流失。③ 政策执行公平性也会影响到民众对基层政府的满意度评价。在政策执行的过程中,灾区情况千差万别,中央政府出台的政策往往是全局性、原则性、指导性的。地方政府在执行的过程中,必然存在各种各样的"变通执行"现象。同时,地方政府也有自己的规划、利益和偏好,这些因素都会驱动地方政府在救灾和重建过程中选择性地执行有关救灾和重建的政策。④ 一旦地方政府在灾后重建的过程中存在政策执行的变通行为等,灾区民众对其满意度就可能会降低,进而削弱民众对地方政府的信任。⑤ 灾后地方政府治理的有效性越差,民众对地方政府的满意度就越低,民众对地

---

① 游宇、黄一凡、庄玉乙:《自然灾害与政治信任:基于汶川大地震的自然实验设计》,载《社会》2018年第5期。

② 李智超、孙中伟、方震平:《政策公平、社会网络与灾后基层政府信任度研究——基于汶川灾区三年期追踪调查数据的分析》,载《公共管理学报》2015年第4期。

③ Saundra Schneider, Who's to Blame? (Mis)Perceptions of the Intergovernmental Response to Disasters, *Publius*, Vol.38, No.4, 2008, pp.715-738.

④ 陈升、吕志奎、罗桂连:《非常态下地方政府政策执行评价比较研究——以汶川地震灾后重建政策为例》,载《公共管理学报》2010年第4期。

⑤ 尉建文、谢镇荣:《灾后重建中的政府满意度——基于汶川地震的经验发现》,载《社会学研究》2015年第1期。

第四章
自然灾害社会风险链的结构要素

方政府的信任流失就越快,就越容易引发官民矛盾和社会冲突。

3. 风险分配结构

在结构主义视角中,人们之所以会参与社会运动和集体行动,一个重要的因素是社会结构导致人们感受到"不平等""不公正"和"相对剥夺感"。一般来说,不平等有两种:一种是先天因素如自然地理、身体、智力等差异导致的不平等;另一种是政治上、制度上的不平等,特别是权力分配的不平等。在日常生活中,不平等更多是指人们在权力、财富、地位或者收入上的差异程度。① 社会学上的"不平等"是指缺少平等的途径以得到社会提供的满足欲望的物品。人们逐渐认识到不平等与人们的天赋、习得的技能以及资源的配置等因素有关。从社会结构来看,现实生活中的阶层分割或者阶级之间的对立、政策上的不公正、资源分配上的不均衡以及收入上的差距等问题都可能制造社会成员之间的"不平等"。尽管人们的天赋不同可能会导致分配结果上的明显差异,但是只要人们基于个人权利、运用自己的才能去创造财富和地位,人们也不会认为这种"分配差异"是不平等的。一个公正的社会,首先应该保障人们的权利平等、制度公平与程序公正,允许人们支配自己的劳动所得,使人们感受到"平等"。

改革开放前,中国社会阶层分布整体比较稳定。改革开放后,农村家庭联产承包责任制的实行、人民公社制度的解体和户籍制度的松动,成为中国农村社会结构重新分化的前提。② 在农业生产效率、外出务工收入机会以及个人能力的比较差异下,农村社会群体逐渐形成新的利益分化格局。在农村,农民逐渐分化成不同的社会群体,包括农业劳动者、农民工、雇工、农村知识分子、个体劳动者和个体工商户、私营企业主、乡

---

① 李敏:《制度如何制造不平等——一个北方城市贫困女性社会排斥的制度分析》,中国社会科学出版社2015年版。
② 奂平清:《农村居民的社会分化及社会整合的政策调适》,载《中国人民大学学报》2005年第2期。

镇企业管理者、农村管理者等(见表4-1)。① 从统计数字可以看出,农业劳动者、农民工、乡镇企业管理者的数量呈现下降趋势;雇工、农村知识分子、个体劳动者和个体工商户、私营企业主、农村管理者的数量则呈现上升趋势。这种农村社会群体分化形成了新的经济、权力和利益结构:随着农业产出效益的逐年降低,从事农业生产的劳动者数量逐年下降;与此同时,非农产业逐年增长,包括雇工、个体经营、乡镇企业承包以及参与农村公共事务管理等形式。

表4-1 改革开放以来中国农村各社会群体的变动情况

社会群体类别	1989(%)	1999(%)
农业劳动者	55—57	46—50
农民工	24	16—18
雇工	4	16—17
农村知识分子	1.5—2	2.5
个体劳动者和个体工商户	5	7—8
私营企业主	0.1—0.2	0.4—0.6
乡镇企业管理者	3	1.5
农村管理者	6	7

资料来源:陆学艺主编:《当代中国社会阶层研究报告》,社会科学文献出版社2002年版,第178页。

收入上的不平等将社会群体分化直观地展现出来。首先,城乡之间、地区之间出现越来越多的"不平等"现象。东部沿海、中部地区和西部地区在国内生产总值、人均年收入、可支配性收入等指标上存在较大的差距。根据国家统计局每年公布的数据,东部沿海地区的人均年收入是西部地区的4倍以上。尽管近年来中部、西部地区经济发展水平有了较大提升,但区域间发展的不均衡、差异较大仍是中国经济的基本特征。其次,从全国范围来看,不同社会个体之间的贫富差距较大。基尼系数是国际上通用的、用以衡量一个国家或地区居民收入差距的常用指标。

---

① 陆学艺:《重新认识农民问题》,载《社会学研究》1989年第6期。

第四章
自然灾害社会风险链的结构要素

基尼系数最大为"1",最小为"0"。其中,基尼系数为 0.3—0.4 视为收入相对合理,0.4—0.5 视为收入差距较大。1981—2014 年,中国居民间收入差距逐渐拉大,基尼系数不断上升。① 根据国家统计局发布的《中国住户调查年鉴》,2015 年中国基尼系数为 0.462;2016 年为 0.465;2017 年为 0.467;2018 年为 0.468。

在农村地区,不同阶层的社会成员之间的收入差距逐渐拉大。2000—2011 年,农村居民收入的基尼系数呈现上升状态,2009 年达 0.39。② 农村不同阶层之间经济差别的存在,为社会内部风险的增加提供了可能。

对于改革开放以来出现的居民收入不平等问题,中央政府出台了一系列政策来调节国民收入的分配,但这一问题难以在短期内解决。因为收入不平等并不完全是个体原因造成的,它与市场机制发挥作用不到位、公共资源和权力滥用、优质社会服务享受权的分配问题等都有一定的关联。③ 当社会在制度建设过程中面临各种制度不完善时,个体可能会感受到存在收入分配上的不公平、不公正,从而产生不满情绪。④

在日常生活中,基于结构性因素如户籍制度、经济制度、社会保障制度、财政制度等,社会个体成员之间很难产生直接的冲突。毕竟,这些结构性要素为所有人提供了相同的机遇。对于大多数人来说,纵向比较能够发现越来越公平的"机会"。这种"纵向公平感"很容易使社会个体成员忽视制度因素和社会结构性要素造成的不平等,更愿意将自己的"弱势地位"归因于自我因素和不可捉摸的"运气"。在中国的农村地区,随着改革开放带来的流动就业和市场机会,农民收入实现了大幅度增长。

---

① 李实:《如何通过改革缓解中国的收入不平等问题》,https://www.paulsoninstitute.org.cn/wp-content/uploads/2015/10/PPM_Income-Inequality_Li-Shi_Chinese.pdf,2020 年 7 月 20 日访问。
② 张东生主编:《中国居民收入分配年度报告(2011)》,中国经济出版社 2012 年版。
③ 贡森、李秉勤:《中国的不平等问题:现状、原因及建议(1978~2013)》,载《社会政策评论》2014 年第 1 期。
④ 朱诚:《不平等、社会冲突与群体性事件的经济学分析——基于精英阶层与社会大众资源投入和收入分配的视角》,载《浙江学刊》2014 年第 2 期。

灾后风险与危机应对
结构·情感·文化

尽管横向比较来说,农民更容易处在经济—社会结构的不利位置,但是纵向比较而言,农村经济与社会生活的改善是显著的。农村地区的居民对社会不平等批评较少,更强调通过教育、天分和勤奋努力来实现向上流动,从而改变自己的处境,他们往往对社会不平等状况持有更大的包容性和积极评价。① 当民众将不平等看作是经济社会发展的必然结果时,不平等就会被淡化。只要民众认为,这种不平等能给一般劳动人民带来实惠,并且一般的劳动人民有流向更高的社会地位的可能性,即只要更高的社会地位可以通过自身努力得到,这种不平等就很难引发民众的不满,也就不会危及社会的稳定。②

然而,"不平等"是引发民众集体行动的一个重要社会性诱因。不平等与集体行动之间存在两种主要的逻辑:一是社会的不平等会引发相对剥夺感;二是社会的不平等会带来风险分配的不平等,弱者更容易遭受风险损失。所谓相对剥夺感,是指个体或群体通过与参照群体进行比较后感知到自身处于不利地位,进而体验到愤怒和不满等负性情绪的一种主观认知和情绪体验。顾名思义,社会个体成员感受到的相对剥夺感不是一个完全客观的标准所引发的社会结果,而是一个社会个体通过和他身边的人或者群体进行比较而产生的主观评价。经过比较后,当社会变迁导致社会的价值能力小于个人期望值时,人们就会产生相对剥夺感。人们感受到的相对剥夺感越大,对社会的破坏性也就越大。③ 当人们体验到隐藏在日常生活中的所谓不平等的社会结构,并将自己的处境与这些结构性要素联系起来时,愤怒就会产生,参与集体行动和社会运动的意愿就会增强。

不平等的社会结构会影响到风险分配结果。从风险的普遍性来看,风险社会的风险分配逻辑大致遵循着平等原则。所有人面对风险时,暴

---

① 〔美〕怀默霆:《中国民众如何看待当前的社会不平等》,郭茂灿译,载《社会学研究》2009 年第 1 期。
② 谢宇:《认识中国的不平等》,载《社会》2010 年第 3 期。
③ Ted Robert Gurr, *Why Men Rebel*, Princeton University Press, 1971.

第四章
自然灾害社会风险链的结构要素

露系数是相同的,遭受风险侵害的可能性是一样的。但是,这种风险分配平等的背后并不能遮蔽现实中风险结果的不平等问题:一方面,社会个体成员在社会结构中的位置不同,规避风险、自我保护的意识和能力有明显的差异;另一方面,风险分配的过程会产生新的不平等。具体来说,风险分配在一定程度上同阶层的分化同构,会强化社会成员间的阶层或者阶级分化结果。① 世界范围内平等的风险状况不会掩盖那些风险造成的苦痛中新的社会不平等,这些不平等特别集中地表现在那些风险地位和阶级地位相互交叠的地方。②

日常生活中,不同的群体和个人由于自身所拥有的资源能力不同,对风险的承受能力也不同,并且社会风险的产生往往与有权势和资本的群体有很大关联,某些社会成员和群体会比其他社会成员和群体受到更多风险的影响。可以说,社会风险分配不平等已经成为现代社会一个普遍现象。处在不同社会结构中的群体在风险分配过程中相互争夺风险分配的所属权,隐含在权力结构中的不平等外化为社会风险分配的不平等。拥有风险分配权的社会成员和群体面对灾害、危机与困境时所承担的责任、义务及利益与被动承担风险的社会成员和群体不一致,他们可以利用社会结构的力量去转移和规避风险,而被动承担风险的社会成员和群体没有能力也没有机会去改变自身的状况,只能承受着社会风险对他们的侵害。③

在灾害情境中,当社会个体成员遭受财物、人身伤害时,他会在与周边人群进行横向比较中放大个体的"弱者身份"。日常生活中的社会不平等本来是隐藏在社会结构中,是可以接受、可以容忍的问题,这个时候就变成了"刺眼"的社会差异,成为不可接受、不可容忍的社会结构性问题。风险结果的普遍性和风险分配的不平等性使得跨越阶层、职业、性

---

① 李友梅:《从财富分配到风险分配》,载《社会》2008年第6期。
② 〔德〕乌尔里希·贝克:《风险社会》,何博闻译,译林出版社2003年版,第45页。
③ 夏玉珍、卜清平:《风险分配对社会结构的型塑》,载《湖北社会科学》2015年第7期。

别、信仰和种族而进行社会动员成为可能,从新的角度和新的范围带动了集体行动的产生。

4. 权益救济制度

现代社会强调公民权利,从制度上构建了权利规范体系和权益救济体系。除宪法赋予的权利外,中国公民维护合法权益的法律制度包括:行政复议、行政诉讼、国家赔偿、行政许可、行政处罚等法律体系;信访及党的群众路线制度支配下的党内意见反馈等救济体系。这些制度一方面为政府制定政策提供了了解民意的窗口,另一方面为民众表达合法权益、提出诉求和发泄不满提供了一个制度化的渠道。信访是中华人民共和国成立以来政府和人民之间互动的重要渠道,给民众提供了行政化的救济途径。信访制度的功能主要体现在两个方面:一是对公民而言,信访意味着一项简便、经济、有效而全面的救济方式,具有保障和维护公民权利的功能;二是对公共权力而言,信访是一项温和的、反思的、自上而下的监督和纠偏机制,具有维护社会稳定、促进民主与法治的功能。①

早在中华人民共和国成立之初,信访制度就作为一项重要的权益救济办法被确立下来。1950年11月,中共中央办公厅就使用"群众来信"一词指代民众反映情况和提出工作意见的问题。1951年6月7日,政务院作出《关于处理人民来信和接见人民工作的决定》,正式提出了"人民来信和接见人民"等概念指代人民与党和政府之间的政治交往活动。1972年12月22日,中共中央在转发《关于加强信访工作和维护首都治安的报告》中,正式使用了"信访"的概念。② 1982年中共中央办公厅、国务院办公厅转发的《党政机关信访工作暂行条例(草案)》认定信访是公民的民主权利,标志着党的信访工作逐渐走向法律化、制度化的阶段。

---

① 田文利:《信访制度改革的理论分析和模式选择》,载《社会科学前沿》2005年第2期。
② 刁杰成编著:《人民信访史略》,北京经济学院出版社1996年版,第204页。

第四章
自然灾害社会风险链的结构要素

1995年,国务院制定《信访条例》,提出了信访人的权利保护问题、信访处理程序问题、信访的责任落实问题等,标志着较为完整的信访监督制度的形成。2005年国务院通过了新的《信访条例》,明确规定了信访工作机构的性质、职责、权限和一系列信访工作制度,如联席会议制度、信访工作责任制度、信访政务公开制度、信访工作信息化制度。

新的《信访条例》明确提出保护信访人合法权益的同时,又通过一系列制度性规定限定了信访人的信访权利。根据《信访条例》第16—20条的规定,信访人采用走访形式提出信访事项,应当向依法有权处理的本级或者上一级机关提出;信访人提出信访事项,一般应当采用书信、电子邮件、传真等书面形式;信访人采用走访形式提出信访事项的,应当到有关机关设立或者指定的接待场所提出;多人采用走访形式提出共同的信访事项的,应当推选代表,代表人数不得超过5人;信访人在信访过程中应当遵守法律、法规,不得损害国家、社会、集体的利益和其他公民的合法权利,不得有煽动、串联、胁迫、以财物诱使、幕后操纵他人信访或者以信访为名借机敛财,不得有扰乱公共秩序、妨害国家和公共安全的其他行为等。《信访条例》第27条还规定:"对于可能造成社会影响的重大、紧急信访事项和信访信息,有关行政机关应当在职责范围内依法及时采取措施,防止不良影响的产生、扩大。"对于信访处理的结果,《信访条例》第35条第3款规定:"信访人对复核意见不服,仍然以同一事实和理由提出投诉请求的,各级人民政府信访工作机构和其他行政机关不再受理。"根据《信访条例》第47条的规定,对于违反《信访条例》第18、20条规定的信访人,有关国家机关工作人员应当进行劝阻、批评或者教育。经劝阻、批评和教育无效的,由公安机关根据情节采取相应的措施。

除了信访这种行政救济制度之外,司法救济也是公民维护自己合法权益的一个重要途径。1982年通过的《中华人民共和国民事诉讼法(试行)》规定了行政诉讼问题,开启了行政诉讼的历史。1989年4月4日第七届全国人大第二次会议通过《中华人民共和国行政诉讼法》(以下简称《行政诉讼法》),宣告行政诉讼脱离民事诉讼制度,从而确立了与刑事诉讼、民事诉讼并立的行政诉讼法律制度。2014年11月1日、2017年6月27日,全国人大常委会对《行政诉讼法》进行了两次修正,标志着中国行政诉讼法律制度迈入成熟阶段,有望更好地发挥司法救济功能。

虽然信访、行政复议等行政救济体系与行政诉讼、国家赔偿等司法救济体系并存作为公民权益救济制度,但其预期的制度效应尚未得到充分有效的发挥。其中有两个问题比较突出:一是民众"信访不信法",一些争议走向了行政救济的渠道,给各级地方政府带来了较大的压力,又将各级政府置于舆论的"风口浪尖";二是行政诉讼等司法救济不仅成本高、耗时长,也面临着判决执行难的问题。现实生活中国家行政权自上而下的层级控制力是民众选择信访的一个重要原因。现有信访制度是借助于上级监督来纠正下级行政行为,但政府层级结构决定了解决问题还是要靠信访人所在地的基层政府,结果是信访反映问题的解决率往往并不高。

与信访制度的低效相比较,行政诉讼案件执行难、救济效果不显著的问题也比较突出。总体而言,行政诉讼存在"立案难""审理难""执行难"等问题。同时,行政诉讼案件存在申诉上访率高、服判息诉率低,上诉率高、改判率低,撤诉率高、判决率低等"三高三低"问题,成为行政诉讼发挥应有活力和效力的制约因素。另外,行政诉讼法律本身的"缺陷"也逐渐显现,主要表现在受案范围太小、审查强度不够、判决方式不全、执行制度不力等方面。[①] 相对来说,在行政诉讼中,负有举证责任的各级政府能够拿出充分的证据来证明自身决策和行政行为的合理性、合法性。而无论在收集信息、对法律的熟悉度、提出证据方面,民众都不占优势。据统计,2010—2014年,中国行政诉讼的胜诉率不到10%。[②] 在行

[①] 郭登友:《新中国行政诉讼制度发展进程》,http://hubeigy.chinacourt.gov.cn/article/detail/2015/06/id/2675515.shtml,2019年10月30日访问。

[②] 杨海:《"民告官"胜诉率不到10% 冷漠脸挑战了法律》,http://www.xinhuanet.com/legal/2017-01/11/c_1120285474.htm,2019年2月20日访问。

第四章
自然灾害社会风险链的结构要素

政诉讼过程中,民众不仅面临败诉的风险,还面临胜诉后执行难的问题。① 一些行政诉讼案件判决后,部分地方政府多年不履行法院判决书中的责任,甚至出现必须借助上级巡视组"施压"才能解决问题的现象。② 行政诉讼不仅是民众据以防止行政权力的不法侵害、维护自身合法权益的司法程序,也是用法治助推依法行政、防范并惩戒行政权力任性的制度设计。然而,行政诉讼"执行难"的问题得不到有效解决,则意味着不仅民众无法维护自身的合法权益,还会影响法治对行政权力应有的规范和约束作用,并损及司法权威和公信力。③

近年来,行政诉讼作为司法救济的效能显著提升。党的十八届四中全会提出建设法治中国,改革法院案件受理制度,变立案审查制为立案登记制。2014 年修正《行政诉讼法》时将立案登记制明确写入法条,人民法院立案登记制改革于 2015 年 5 月 1 日实施。据统计,2015 年 5 月 1 日至 2016 年 4 月 30 日,全国法院受理一审行政案件达到 286015 件,同比上升 58.76%。④ 行政案件立案数量快速增长,反映了立案登记制改革取得显著成果,人民群众通过法治渠道维护自身合法权益的观念进一步增强。

另外,全国各级人民法院积极探索建立与行政区划适当分离的行政案件管辖制度,通过异地管辖、交叉管辖、集中管辖等多种方式,探索出各具特色的行政诉讼案例管辖制度。2014 年年底,根据中央部署,最高人民法院在深圳和沈阳分别设立第一巡回法庭和第二巡回法庭,审理跨行政区域重大行政案件。2016 年年底,最高人民法院在南京、郑州、重

---

① 杨军:《破解行政诉讼"执行难"》,http://opinion.people.com.cn/n/2014/0611/c1003-25133016.html,2019 年 2 月 20 日访问。
② 任然:《解决判决执行难不能只靠巡视组》,http://opinion.people.com.cn/n1/2016/0929/c1003-28748655.html,2019 年 2 月 20 日访问。
③ 倪弋:《司法判决不能成"白条"》,http://www.chinanews.com/sh/2017/01-18/8127820.shtml,2019 年 2 月 20 日访问。
④ 王海峰、胡岩:《勇立潮头 再谋新篇——党的十八大以来人民法院行政审判工作综述》,载《人民法院报》2017 年 10 月 16 日第 4 版。

庆、西安又增设四个巡回法庭,主要受理行政案件。为进一步推动落实党中央"探索设立跨行政区划的人民法院和人民检察院,办理跨地区案件"的部署,上海、北京先后挂牌成立上海市第三中级人民法院和北京市第四中级人民法院,成为首批跨行政区划的试点法院。为改变被告行政机关所在地法院管辖行政案件易受干预的局面,地方各级人民法院积极探索开展提级管辖、异地交叉管辖、相对集中管辖等多种形式的管辖制度改革,防止和排除地方非法干预,为人民法院依法独立公正审理行政案件提供制度保障。①

党的十八大以来,各级人民法院紧紧围绕"努力让人民群众在每一个司法案件中感受到公平正义"目标,坚持司法为民、公正司法主线,高标准推进审判执行质效提升,不断满足人民群众日益增长的公平正义需要。各级人民法院坚持以审判执行工作为主体,发挥人民法院定分止争、化解矛盾、惩治犯罪、保护人民、维护公正、保障权益的职能作用;坚持把司法体制改革和智慧法院建设作为新时代人民法院发展的"车之两轮、鸟之双翼",推进审判体系和审判能力现代化,破解影响司法公正和制约司法能力的深层次问题,提高司法质量、效率和公信力。②

第二节
灾区社会集体行动掠影

一、灾区社会集体行动类型与行动者

自然灾害引发的社会风险主要表现在影响灾区社会稳定的各类群

---

① 王海峰、胡岩:《勇立潮头 再谋新篇——党的十八大以来人民法院行政审判工作综述》,载《人民法院报》2017年10月16日第4版。
② 《起草组解读:一起来看最高法工作报告中的案例和故事》,http://www.court.gov.cn/fabu-xiangqing-289931.html,2021年3月14日访问。

第四章
自然灾害社会风险链的结构要素

体性事件。根据2008年公安部发布的《公安机关处置群体性事件规定》,群体性事件的类型复杂多样,包括未经许可或者未按照许可进行的集会、游行、示威活动,集会、游行、示威活动中出现严重扰乱社会秩序或者危害公共安全的行为,以及聚众上访活动中出现严重扰乱社会秩序或者危害公共安全的行为等。很多研究者以事件的非法性、破坏性、参与人数的广泛性、影响社会安全与秩序来界定群体性事件。① 在灾区,群体性事件通常与哄抢物资、聚众、集体冲突、非法上访、聚众冲击党政机关、占据公共场所、阻断公共交通等行为有关,是影响灾区社会稳定的主要因素。

　　针对群体性事件中"人"的研究主要有两种路径:弱者路径和精英路径。弱者路径是指在"受损—抗争"的逻辑下,处于相对弱者地位的民众选择不同的手段进行抗争表达。"弱者"通常缺乏社会资本,在社会竞争中处于劣势地位。抗争实际上是"弱者"运用自身的力量和行动来抵抗"强者"侵害的过程。② "弱者"既具有理性小农的特征,又深受传统文化、习俗所形成的"道义观念"的影响。"弱者"有时候是"理性行动者",通过精密计算的行动、精心选择的策略来实现目标;而有的抗争行动仅仅是为了追求光荣感与尊严感的"非理性情感表达"。③ 这种"双重性格"使他们的抗争过程有时候显示出"精于计算"的机会主义,有时候又显得"顽固、极端和缺乏现代权利意识"。精英路径研究视角则是强调精英在抗争过程中的作用。精英在现代集体维权行动过程中发挥着重要的组织、决策作用。④ 这些维权精英往往具备较好的经济来源,有一定的

---

　　① 陈月生主编:《群体性突发事件与舆情》,天津社会科学院出版社2005年版,第5—13页。
　　② 〔美〕斯科特:《弱者的武器》,郑广怀、张敏、何江穗译,译林出版社2011年版,"前言"第2—3页。
　　③ 〔美〕王国斌:《转变的中国:历史变迁与欧洲经验的局限》,李伯重、连玲玲译,江苏人民出版社1998年版,第145页。
　　④ 管兵:《维权行动和基层民主参与——以B市商品房业主为例》,载《社会》2015年第5期。

动员能力和公益心,有空余时间,对自己的合法权利和利益比较关注,积极为自己的权益采取行动。① 在农村地区,维权精英有较好的资源动员能力和丰富的人生经历,更懂得如何"造势"和"控势",以理性的行动来把握抗争机遇,追求抗争效果的最大化。② 在城市社区,维权精英在身份特质、知识阅历、行动魅力和资源动员能力等方面表现出了独特性,在某种程度上推动了城市社区治理的现代化进程。③

日常生活中的集体维权行动往往是由少数权利和利益受到损害的个体成员发起的。集体维权行动或者抗争活动能够成功,其中一个重要的联系纽带是"利益"。正是因为参与群体性事件的大多数社会成员都会从成功的集体行动中获得相应的利益分配,他们才对参与集体行动具有很高的积极性。但是,灾害情境与日常生活不同,一个重要的特征是无论空间还是资源都是受限的,民众之间更多存在利益上的竞争关系而不是合作关系。那么,没有"共同利益"的民众为什么能够发起集体行动呢?他们又是如何超越"利益"的竞争关系,实现了群体联合和群体认同呢?先让我们来追踪三起灾区的社会不稳定事件的发展过程,明确哪些人发起了集体行动、他们为何采取集体行动。

二、灾区社会集体行动案例简描

1. 一场误会引起的群众聚集事件

2008年5月12日下午2点28分,四川省汶川县映秀镇发生特大地震,震级里氏8.0级,波及417个县,4000多万人受灾,转移安置灾民

---

① 胡永雄:《应对业主集体维权的地方政府行为策略研究》,"第七届中国政府创新论坛:和谐社区与基层党建——南山模式及启示"学术研讨会,2009年3月。
② 陈涛、李素霞:《"造势"与"控势":环境抗争中农村精英的辩证法》,载《西北农林科技大学学报(社会科学版)》2015年第4期。
③ 胡胜全、陈文:《城市社区业主维权精英研究:生成原因与行动逻辑》,载《当代中国政治研究报告》2017年第1期。

第四章
自然灾害社会风险链的结构要素

1500万人,死亡失踪8万多人,30多万人受伤。汶川、北川等地基础设施遭受严重损毁,人员伤亡巨大。① 根据国家有关规定,对汶川地震灾区因灾生活困难的群众实施临时生活救助,三个月内按照每人每天10元钱、1斤成品粮的方式发放生活救助。② 自5月下旬开始,按照家庭发放临时房搭建补助,家庭人口2人以下的,每户发放2000元,每增加一人的家庭增加800元。极重灾区的6个镇和城区无家可归的居民由政府负责提供活动板房安置,确保在冬天来临之前入住过渡房或活动板房。

灾情发生后,地方政府不仅仅要开足马力快速救灾和安置群众,还要时刻防范可能会危及灾区社会稳定的群体性事件。汶川地震发生后,举国全力救灾,救援物资不断地向灾区集中。但是,各个灾区灾情轻重不同、个人之间受损的情况各异,基层政府很难按照每个灾民实际受损情况分发救灾物资。在灾区,失去亲人、失去房屋和其他财产的人们,内心里充满了悲伤的情绪,未来也感到迷茫。这个时候,一点小小的事情就可能激发出大的愤怒,进而引发一场始料未及的不稳定事件。③

在汶川地震中,四川省绵阳市A区人员伤亡很小,但财物损失大,房屋倒塌10多万间,严重损毁20多万间,直接经济损失116亿元。但是,相比于北川、汶川等重灾区,A区并不是救灾指挥部和新闻关注的重点,救灾物资、救灾力量首先被分配到北川、汶川等重灾区。对于A区的灾民来说,当装载救灾物资的车辆去往其他地方时,他们心中越发地感到恐慌和无助。特别是电视上播放的救灾政策是每个灾民每天可获得10元钱和1斤粮食,且连续分发三个月,但他们却仅仅得到一些矿泉水、饼干和方便面。

---

① 《国务院关于四川特大地震抗震救灾及灾后恢复重建工作情况的报告——2008年6月24日在第十一届全国人民代表大会常务委员会第三会议上》,http://www.npc.gov.cn/wxzl/gongbao/2008-12/24/content_1467394.htm,2020年7月20日访问。

② 《关于对汶川地震灾区困难群众实施临时生活救助有关问题的通知》,http://www.gov.cn/zwgk/2008-05/21/content_985935.htm,2019年10月30日访问。

③ 这里关于四川省绵阳市A区群体性事件的信息摘编自郑世平:《大地呻吟》,南方家园出版社2013年版。本书根据研究需要对相关事件的发展过程和细节进行了改写。

灾后风险与危机应对
结构·情感·文化

在这种现实落差下，一些灾民内心愤愤不平。2008年5月21日，A区灾民王某早起准备去已成废墟的家中看看还有什么能够捡回来的东西。这时候，一辆救灾物资专用车辆开进了镇上一个狭窄的街道，在一个服装店门口停了下来。一个穿着迷彩服的人从车上下来，打开车厢，往路边一家商店里搬运方便面、火腿肠和瓶装水。王某觉得很奇怪，就上去问对方是谁、干什么的、为什么把救灾物资搬进店里。搬运货物的李某并没有解释，而是打算快速上车离开这里。于是，两人发生了争执，王某随后对着街道大喊一声："有人私分救灾物资啊！"这一声喊，顿时引来数十人的围观。越来越多的灾民聚集到这里，质疑运货的李某是政府官员，正在私分本应给灾民的救灾物资。

面对人群，李某害怕了，赶紧报警。与此同时，街道也向上级报告发生了人群聚集事件。接报后，区委书记与警察都快速赶到现场。此时李某因害怕被打已经悄悄溜走了，现场只剩下车辆和愤怒的人们。区委书记赶到现场时聚集的人群已经有1000多人，且谣言四起，纷纷传说官员私分救灾物资，而百姓至今无人救助。区委书记赶紧站上车顶，向群众保证，立即彻查此事，给灾民一个说法。同时，在灾民监督下由警察彻底搜查这个商店，共搜查出一顶帐篷、几箱方便面和矿泉水。警察很快查明，李某是参与救灾的民兵，在此前几天里曾在重灾区救出了十多个被压在废墟中的灾民。按照上级要求在撤离救援现场时，李某所在救援队的领导向上级申请将救援队剩余生活物资分给救援人员作为参加救援工作的补助。李某负责将个人应得的物资分别送到各个救援队员家里后，把属于自己的这份物资送到了女友商铺。没想到，一场误会引发了民愤，并激起了1000多人的群众聚集事件。

2. 水灾救灾中的群体性事件

2013年10月7日1时15分，台风"菲特"在福建省福鼎市沙埕镇沿海登陆，登陆时中心附近最大风力有14级。尽管"菲特"7日上午9时

第四章
自然灾害社会风险链的结构要素

已在福建省建瓯市境内减弱为热带低压,但其风声小雨点大的特点犹如隔山打牛,对浙江造成了严重影响。作为浙江受灾最严重的地方,橡木市遭受了百年一遇的降雨。① 70%以上城区受淹,主城区城市交通瘫痪。此次台风使得橡木市21个乡镇、街道均受灾,145个行政村和社区被围,受灾人口达80多万人,房屋受损较严重的2万多间,转移人口6万多人。

  10月7日晚,橡木市所属辖区普降大雨,很快整个城市和乡村成了"泽国"。连续十多个小时的降雨之后,市区平均水深1米多,部分低洼城区积水深度达3米以上。水灾严重摧毁了道路、通信设施、电力设施,导致橡木市短时间内沦为"孤岛"。10月8日—10日,很多受灾群众基本靠自救和互救,没法及时获得外部救援。当地灾后一度物价飞涨,两颗普通的白菜涨到35元。超市、商店物资很快被人们抢购一空。天气转晴后,城区积水持续不退,断水断电、缺水缺粮的困境让受灾群众产生了对立情绪。10月11日晚,电视台记者在市中心报道:"一些道路积水已退去,有些路段是蹚着水进去的。今天和昨天不同的是,一是通信在慢慢畅通,另外市民和车辆在慢慢开始有序地正常生活,一些市民家里也开始通电。"但是,电视台的现场报道很快激起了围观市民的愤怒,认为报道罔顾事实、掩盖真相,没有反映真实的情况。在报道现场,有民众要求记者去花园新村等受灾严重的地区实地查看灾情,据实报道。但是,记者未予理会。民众则质问记者:"不去灾情严重的地方报道,你们电视台来旅游啊?"随后,电视台的转播车辆、现场直播记者和工作人员遭民众围堵。电视台赶紧向当地警方求救,警察快速到现场维持秩序,试图开道让转播车辆撤离。愤怒的民众开始摇晃转播车辆并高呼"道歉"。随后部分民众掀翻了转播车辆。

---

① 为遵守研究规范,笔者对本次台风事件涉及的地名、人名作了匿名化处理。如无特别说明,本书有关橡木水灾救灾等情况均来自笔者于2014年7—8月在橡木市及其下属乡镇和村庄的调研。

灾后风险与危机应对
结构·情感·文化

台风"菲特"过后,橡木市财税局共安排救灾资金2.01亿元,用于各部门和各乡镇(街道)对口开展救灾补助,其中9200万元直接安排用于乡镇(街道)的救灾补助。在困难群众基本生活保障方面,市财政对受灾的"低保户""五保户"及孤儿给予每户(人)2000元的生活救助;对低保边缘户、重残低收入人员、重点优抚对象给予1500元的生活救助;对其他困难群众视受灾程度给予临时生活救助。在金融扶持方面,对受灾特别严重的畜牧、水产养殖市级及以上农业龙头企业和示范合作社、专业规模场(户)新增的贷款,按贷款利息实际发生额给予50%的补助,补助期限暂定6个月。① 应该说,地方政府尽了最大努力来救助灾民,尽力恢复能源供应,保障灾民基本生活。

在灾情发生的前几日,外来务工人员因为居住在郊区或者民房中,没有进入地方民政的救助登记系统(在册户籍等级),极少得到生活救助。② 外来务工人员对没有及时获得救助有很大的怨言,并发生了少数人哄抢救灾物资的事件。哄抢救灾物资事件发生后,本地人与外地人之间产生了矛盾,本地人认为政府应该将有限的物资救助本地户籍人口,而外地人认为他们也遭受了水灾,理应得到地方政府平等的对待。2013年10月13日,地方政府领导接受媒体采访,称救灾取得了成效。这引发了部分灾民的不满。10月14日,有网友爆料,橡木市三七镇某领导于10日下乡视察水灾时由年近六旬的村书记淌水将其背进灾民家里,引发网络舆情。10月15日,部分市民在市政府前聚集。部分人情绪激动,砸毁了公务车,还向市委市政府大楼投掷杂物,造成较大的群体性事件。

3. 被台风撕开的伤口

南山岛位于S省东海市正南面21海里的海面上,总面积24.74平

---

① 《橡木市人民政府关于开展灾后重建和恢复生产生活的若干政策意见》(橡政发[2013]128号)。
② 橡木市经济发达,根据2013年的统计,本地常住人口54万人,外来务工人员83万人。

第四章
自然灾害社会风险链的结构要素

方千米。① 南山岛现有户籍在册岛民约1.8万人,岛上常住人口约1.2万人,岛上以客家人及客家文化为主。②

南山岛全镇耕地面积11982亩,其中水田1905亩。农业以种植香蕉、水稻、花生、木薯等作物为主;渔业以浅海捕捞为主。根据2017年5月东海市人民政府办公室发布的《东海市旅游业发展"十三五"规划》,东海市将在"十三五"期间建设南山岛度假旅游区,打造特色旅游品牌,全面推进南山岛整体开发,不断开发新的旅游产品、旅游项目和旅游路线,构建涵盖南山岛通用机场在内的立体交通,推进旅游产业要素完善,打造国际高端休闲度假旅游海岛。

2010年,东海市市委、市政府为加快南山岛旅游区的开发建设,组建了中共东海市南山岛旅游区工作委员会(以下简称"南工委"),为市委的派出机构;组建了东海市南山岛旅游区管理委员会(以下简称"南管委"),为市人民政府的派出机构。南工委与南管委合署办公,实行一个机构、两块牌子,专门负责南山岛旅游区管理工作。南山岛的建设除了社会管理和公共服务之外,还涉及旅游开发、生态保护以及文化资源的投资、建设、运营管理、品牌管理等经济事务。有关南山岛旅游景区内旅游基础设施项目投融资建设和土地收储工作等旅游开发服务,由东海市南山岛旅游投资开发有限公司负责,它是南管委下属的国有独资有限公司。同时,南管委早在2003年便成立了东海市南山岛旅游发展有限公司,这是一家"政府主导、企业运作"的国有企业,主要承接南山岛景区的经营管理和旅游产品开发建设等旅游服务的外包,并管辖南山岛的主要景区。

由于南山岛是一座海岛,因此从大陆上岛必须搭乘轮船。目前东海市往返南山岛客轮航线由D集团旗下的M旅游股份有限公司运营。该

---

① 南山岛打砸管委会事件的所有材料除了特别注明外,均来自笔者于2017年2月的实地调研以及南山岛管委会提供的材料。为遵循研究规范,本书对涉及的地名、人名作了匿名化处理。

② 数据来自笔者研究团队对南山岛管委会的调研。

灾后风险与危机应对
结构·情感·文化

公司自有的东海市国际客运港是公司海洋旅游航线船舶的母港,并间接控制目前南山岛唯一的客运码头——南山岛南角码头。该公司直接控制的东海市往返南山岛的客轮航线已成为岛民、驻岛单位工作人员、游客等进出南山岛人员的唯一交通工具。

东海市南山岛旅游发展有限公司采取"一票制"方式征收景区门票,非本岛居民登岛必须统一购票。门票对南山岛居民、驻岛单位工作人员及直系亲属、驻岛部队人员及直系亲属、身高1.2米以下幼儿等实行免票,对青少年、学生、老年人、军人、残疾人等实行门票优惠,但岛民的亲戚及朋友上岛探望均需购买门票。

2014年7月19日,台风"威马逊"先后在海南省文昌市、广东省徐闻县两次登陆后进入北部湾海面。从降雨量上看,7月18日20时至19日9时,南山岛气象站监测到291.6毫米的降水。从风速上看,7月19日凌晨2时,南山岛进入台风的10级风圈内;凌晨4时,台风擦过南山岛继续向西北方向移动,南山岛出现了50.9米/秒(15级)大风,南山岛附近海域最大风力达到近年来最高的17级。截至7月20日12时的统计,岛上的香蕉林全部刮倒,80%居民房屋被毁;停靠在港口的一些小型渔船撞损,停水停电,物资紧张,基本生活用品价格大幅上涨。南山岛几近"孤岛",并曾一度处于"失联"状态。初步统计,南山岛经济损失逾3亿元。

在东海市层面,7月19日上午召开的省级防台防汛工作部署会上,东海市委书记表示全市动员,奋起抗灾。市财政局落实市委抗台救灾工作的部署和要求,充分发挥职能作用,立即启动紧急救灾机制,拨付南管委50万元用于救灾。7月23、24日,市委宣传部部长、副市长到南山岛查看灾情,要求南管委切实抓好灾民安置、生产自救和恢复重建工作。南管委发放的救灾物资主要包括水泥、石灰、瓦片、淡水等,但数量不多。在调研过程中,南管委工作人员提道:"管委会和政府各部门工作人员挂点在镇里发放物资,包括水泥、石灰、瓦,不直接发钱;救灾物资主要来源

第四章
自然灾害社会风险链的结构要素

于市政府的救灾拨款和社会捐赠。"①访谈中有村民说道:"台风造成的损失比较大,政府几乎没有给补偿,每家就是发了一点点水泥、瓦片和一块塑料布,没有现金补偿。台风导致香蕉受损,香蕉田没有保险补偿,只是每个村庄挑了两三户人家补偿200—300元。"②

为了防止村民私用铁皮、瓦等简易建材修建违章建筑,南管委在7月20日发布《关于加强南山岛旅游区沿海地带综合整治管理的通告》,称鉴于简易建材达不到抗台风的质量要求,严禁用简易建材进行因台风受损的建筑物的临时修复;待南管委对南山岛旅游区沿海滩涂、林地、道路两侧商铺进行统一规划后,再进行统一修复建设工作;未经批准进行原址修复的,将一律拆除。按照南管委的规定,任何建材上岛都必须经过南管委的批准。申请手续十分复杂,短时间内要走完8项烦琐的申报程序,在灾情面前几乎难以实现。就算在平日,申请建房审批也相当困难。访谈中,有村民表示:"原来的老房子时间太长了,倒塌了。2015年5月申请重新盖房子,审批了将近一年都没有通过,现在一家六口住在一个小破屋子里头。"③"建房的审批基本流程是村民上报村委会,村委会上报管委会,管委会一般搁置不予审批。能够审批盖房的主要是很早就盖了房子、政府在开发的过程中有求于你的人。"④多年来,因为建房审批问题,村民对南管委产生了不满情绪。

由于地理和地质条件,整个岛上没有建筑物资的生产与销售,使得灾后建材物资严重不足,政府救灾物资的运送、装卸、发放则需要一段等待的时间。在救灾的关键时刻,村民最需要的就是建筑物资,以重建房屋,尽快恢复正常的生产和生活。受灾的村民认为南管委禁止运输建材上岛的规定严重影响了村民自救。此时,村民感受到自己不仅未得到应有的照顾和救援,连自我救助都频频受阻。

---

① 访谈对象:南管委办公室主任王某,南管委办公室,2017年2月26日。
② 访谈对象:村民李某某,南山岛2村,2017年2月27日。
③ 访谈对象:村民李某,家中,2017年2月28日。
④ 访谈对象:村民覃某,家中,2017年2月28日。

7月25日，部分村民私自联系货船从东海市运送了一批建材上岛。在建材已经被装运上车后，南管委驻守在码头的工作人员强行将建材从货车上卸下，并向村民表示如果想要拉走建材需要缴纳一定的费用。当天也有部分村民到南管委协商建材上岛禁令的问题，但得到的答复是否定的。在开发岛上旅游资源问题、"上岛费"的分红、征地补偿款、打击违建、基础设施建设滞后等方面，村民与南管委一直存在矛盾。台风"威尔逊"则加深了他们之间的隔阂。

从7月19日至26日，村民们破损的房屋一直无法修复。停水、停电，生活难以为继；农作物、道路尽毁，也无法开展生产。加上没有建材，无法"自救"，他们只能在家干等，情绪变得越来越焦躁。7月26日10时许至14时许，南山岛上千名村民聚集在南管委办公楼反映诉求，对灾后重建、建材上岛等问题提出意见，并借机发泄不满情绪。他们发现，与自己家断水断电不同，南管会办公楼却有电供应。聚集的村民认为，遭受台风灾害后南管委救灾不力，依法征收上岛费没有与南山岛居民分红及限制岛民建材物资上岛等是不顾民生的行为。在聚集过程中，部分愤怒的村民辱骂南管委工作人员，并用石块、杂物投掷南管委办公室的门窗，打砸办公设施，焚烧档案资料，抢夺办公物品。随后，部分村民前往南山岛旅游发展有限公司、南角码头等地方，打砸、推翻观光汽车，继续宣泄不满。打砸事件致使南管委、南山岛旅游发展有限公司的正常工作、营业无法进行，造成严重损失，当地经济和社会秩序也陷入混乱。

第三节
灾害的政治化：灾民身份建构与外部归因

现代社会的转型破坏了传统社会将人们联系起来的一系列结构，家族、宗族逐渐解体，地域认同逐渐弱化，多元文化逐渐替代了单一性文

第四章
自然灾害社会风险链的结构要素

化,社会分工也逐渐被新的生产方式所塑造,社会个体逐渐变成现代生产关系链条上的"原子"。可以说,这种"原子化"的个人在自由主义的宣传下,成为现代民主的社会基础。但是,现代政治生活的另一面——越来越多的集体行动为我们揭示了"原子化"个体如何走向群体进而形成群体认同,激发了包括抗争活动在内的各种类型的集体行动。"原子化"的个体如何形成有效的"群体",进而愿意采取一致性的集体行动呢?一个重要的因素是"身份"的构建,即借助于身份的构建,寻找个体间的"共性",由此形成了群体认同以及"我们/他们"的群体边界意识。在日常抗争实践中,普通民众知道如何"建构身份"、如何定义"问题",进而形成集体行动的动员和获取社会支持。自然灾害背景下,社会个体在身份认同形成的过程中,有两个重要的社会化过程:一是通过"诉苦"技术的运用形成"身份意识";二是通过将自身遭受的"苦难"进行"问题化"建构,从而与一定的社会结构要素如官民身份、不平等、政府救助和权利救济体系等相联系,将自身的遭遇"建构"为社会问题。在灾害情境中,灾害带来的生命和财产的巨大损失、安全感的缺失极容易引发社会成员对自身遭遇的社会建构。与日常生活中的民众相比,"灾民"更容易也更懂得如何借助于"身份构建"和"问题化"来寻找同盟,发起集体行动。

一、"灾民"诉苦与身份建构

身份政治是20世纪政治学研究社会运动、集体行动的一个重要视角。身份政治一般发端于特定的社会群体对所遭受的不公正、不平等的认知和反抗。社会成员通过"身份"的建构引起其他社会成员和政治主体对自己遭遇的关注,改变此类社会群体固有的自我认知和社会认知,并由此改变群体社会形象,拓展权利空间,甚至引起社会制度的变革。自20世纪50年代以来,西方国家日渐兴起的女权主义、民权运动、同性恋运动、少数族裔权利保护等社会运动的组织者、参与者借助于"身份认

灾后风险与危机应对
结构·情感·文化

同"掀起了持续的集体行动,并成功塑造了群体形象,将各种诉求推入到政治过程和政策过程之中,影响了社会和法律制度变迁。

"身份",英文中对应的词语是"identity",源于拉丁语"idem",意思是"同样的"。[①] 通常,"身份"包含三个层次:第一个层次是"我是谁",即个体对自我的定义是什么,体现了个体对自我存在的理解和感知;第二个层次是"对群体的认同感"即"我和谁是一样的",是个人与群体在社会关系中将自己与其他的个人或者群体区分开来的方式;第三个层次是"我与他人如何产生联系",即社会上的其他人如何看待我们、我们如何看待我们自己之间的差异、这种差异对我们如何认识自己产生什么样的影响。从身份认同的概念来看,社会上的每一个个体都会对自己有独特的理解和认知。这种"身份"是多面向的,在不同的情境、不同的关系结构中,个体对自我身份、群体身份的认定是不一样的。当然,在对"身份"进行理解和确认时,任何一个社会个体都会发现自己有多个"身份":一个人可以是少数族裔,可以同时是知识精英,又可以是同性恋者。这种同一时空结构中"身份"的多样性是一种普遍存在的现象。因此,任何一个个体对特定时空结构中自己的身份归属进行确认时,都会对自己拥有的身份进行优先顺序的排序。人们会更加看重某一个"身份"而将其他的身份置于次要地位。这种对自我身份认同优先顺序的确认影响和决定了人们的政治行为。特别是对"我们是谁""我们要到哪里去"这些问题的思考与现实生活中关于如何分配资源、如何分配权力、如何行使权利等价值相联系时,优先确认的"身份"直接决定了人们如何行动。

当然,社会个体成员如何确认自己的"身份"与国家创建过程和国家角色有密切的关系。现代国家在转型过程中,通过户籍登记、税收管理、行政管理体系的扩张等,将原本分散的、依赖于血缘和地域形成的身份认同和社会认同打破了,重新构建了每一个社会成员的身份,即公民。

---

① 方文:《群体资格:社会认同事件的新路径》,载《中国农业大学学报(社会科学版)》2008年第1期。

第四章
自然灾害社会风险链的结构要素

可以说，国家的创建过程为具有普遍意义的"公民"身份的认同创造了条件，正是现代国家构建了民众新的社会身份和社会认同。① 一旦现代国家转型成功，"国家—公民"关系就成为政治关系的基本形式。当公民面临不利的情景时，将国家作为诉求的对象就成为公民的普遍选择。

一般来说，"身份"不仅仅是社会个体自我标签化的手段和结果，也是社会个体成员之间建立社会网络和集体认同的基础。个人与社会其他人共用一个身份标签时，就形成了"群体意识"。例如，在欧洲工业化的阶段，国家排斥工人建立工会，对各种各样的工人运动进行压制，将所有的工人置于一个同样的情景和地位之中，促使工人走向了跨地域、跨行业甚至全国性的联合，从而形成了"工人阶级"。②

灾害情境中的社会个体如何确认自己的"身份"？诉苦技术常常被用来作为身份建构的工具。民众在日常生活中之所以诉苦，很大程度上是因其生活遭遇某种苦难或陷入某种困境，通过使用"哭""闹"和"诉诸情感"等策略和技术，可以引起他人的注意和行政权力的重视。③

尽管灾害具有发生学意义上的"渐变性"，但对于每一个社会个体成员来说却是"突然"而至的灾难。自然灾害聚集的能量瞬间能够将一个原本生活安定富足的家庭打回贫困状态。2008年5月12日汶川地震发生后，地震灾区所有居民遭受了严重的财产和生命损失。一些处在重灾区的民众不仅仅失去了亲人，几代人积累的财富也瞬间化为乌有。这个时候，灾区民众往往会向政府、媒体、身边人"哭诉"自己的悲惨遭遇，既可以表达内心的恐惧和不安，又可以表明自己的"弱势"，可以获得外部救助以便尽快摆脱困境。

---

① 〔美〕乔纳森·卡恩：《预算民主：美国的国家建设和公民权（1890—1928）》，叶娟丽等译，格致出版社、上海人民出版社2008年版，第108—111页。

② Gary Wolfe Marks, *Unions in Politics: Britain, Germany, and the United States in the Nineteenth and Early Twentieth Centuries*, Princeton University Press, 1989.

③ 刘氚、何绍辉：《日常生活中的诉苦：作为一种抗争技术》，载《求索》2014年第2期。

灾后风险与危机应对
结构·情感·文化

  汶川地震发生时,正值上课时间,在校学生遇难人数较多。一些遇难学生是家中唯一的孩子,这对父母、家庭造成了严重的打击。在浙江省橡木市某镇水灾受淹的村庄,有位村民表示:"我们祖祖辈辈就住在这里,从来没有被淹过。你看看,我的房子进水的地方,一米多啊,水线就在这里。冰箱、衣柜、床、沙发完全泡透了。我把电视放在冰箱上面了,要不也完了。你说说,全坏了,一个都不能用了。一共就给我了200元救济。我怎么办呢?以后日子没法过了。"①在橡木市市区,市民的生活也陷入困境。由于没有事前得到政府预警,很多市民家中并没有储备生活物资,受淹的第二天市区就发生了抢购行为。

  灾害发生后,民众的生活困难会诱发极大的社会不满。台风"菲特"过后,橡木市大部分地区出现了停水、停电、固话无法接通的情况,街头到处是背着简单行囊从被水淹没的家中逃出寻找住处的人,蔬菜价格大幅增加,各大超市内的矿泉水和食品被购空。2014年,南山岛遭遇台风袭击后,当地生产生活陷入困顿。有民众反映,台风过后,村里断电,她用此前花了近2万元买的发电机,每天发电维持正常生活,但是发电每小时要花去60元,让她觉得难以承受。也有人认为南管委灾后不作为,分批每户只发放了100块瓦片和一包水泥,而村民自己购买又需要经过管委会烦琐的申请手续。② 灾区民众现实的生产生活困难直接塑造了民众的社会认知,并将自己的困难建构为"社会问题"。

  身份与身体不同,不是一个人的生理组织组成的整体,而是一个人社会性维度的界定。身份是和社会等级、地位、权力等因素结合在一起的"标签",身份服从于实践利益的需要。③ 通过身份建构,一个社会个体成员可以明确自己在一个社会结构当中所处的位置。当灾民面临极端不利情景时,他需要借助"诉苦"来明确自己的"身份"。通过"诉苦"

---

① 访谈对象:车村村民王某,家里,2014年7月28日。
② 《广西××岛部分居民认为救灾不力打砸管委会》,载《京华时报》2014年7月27日。
③ Pierre Bourdieu, *Outline of a Theory of Practice*, Cambridge University Press, 1977.

第四章
自然灾害社会风险链的结构要素

进行身份建构也是一个社会中处于弱势地位的社会个体在与"强者"发生利益冲突时常用的抗争策略。通过"诉苦","弱者"从道义上将"强者"置于责任主体的位置,从而为自己提出诉求提供了支持。灾民的"诉苦"可以通过话语、图片等展示自己遭受的苦难,也可以通过情绪的表达如哭泣,甚至是采取极端行为如自我伤害等手段进行。灾民通过"诉苦",明确了自己在社会结构中的"角色",将自己的"期待"通过道德化的方式展示出来,"强者"从道义上必须满足其诉求。可以说,灾民对灾难情境下自身遭遇的"诉苦"成功完成了"身份建构",表明了自己的"弱势",实现了情感表达和诉求表达。

二、自然灾害"问题化"叙事与外部化归因

"诉苦"表明了灾民的弱势,但是仅有"诉苦"还不能够明确期望和诉求。灾民还需要借助于"问题化"的过程,来揭示自己苦难的来源和责任。"问题化"是民众抗争的重要策略。"问题化"是指抗争主体以"明确问题"的方式提出自己的目标,将己方的诉求通过"问题"的形式推入政府的政策议程。在"问题化"的过程中,民众通过不同的话语将自己的困境建构成国家本身真正重视的社会秩序问题,从而使自己的诉求获得政治上的合法性。[①] 仅有"诉苦",灾民不能够将自身问题推入政府议程。毕竟,"诉苦"更多具有身份建构和情感表达的作用。借助于"诉苦"所展示的困境,灾民可以对这种"困境"进行个体的归因,将其遭遇与特定的社会结构联系起来,形成灾民困境的"问题化",并将这种"问题"推入政府政策议程。灾害情境下,政府面临救灾的多元目标和巨量社会需求,受制于组织资源、制度、程序等因素,不可能同时满足多元的社会需求。灾民的"诉苦"往往展示了巨大的损失、悲痛、不平等的对待、没有人关心等问题,将灾民所遭遇的各种问题与政府和政策联系起来。

---

① 应星:《大河移民上访的故事》,生活·读书·新知三联书店2001年版,第317—318页。

灾后风险与危机应对
结构·情感·文化

借助于"诉苦"和"问题化",灾民既确认了自己的"身份认同",又将地方政府置于责任主体的位置。

受到灾情复杂、交通中断、信息不准确以及地方政府政策执行偏差等问题的影响,救灾过程会映射出城乡二元结构、政治信任分层以及社会中的不平等等结构性问题。例如,汶川地震中,有灾民反映在救灾安置房的分配上存在城乡不同的问题。台风"菲特"带来的大雨使橡木市很快被淹。一些灾民困于家中,面临巨大的生活困难和生命安全威胁。在救援迟迟没有到来的情况下,一些灾民很容易将自己的悲惨遭遇归因于灾害预警不及时、救援迟缓、救援物资分配不公平等问题。南山岛受灾后,一些灾民很快将不满指向南管委。①

灾民通过"诉苦"形成弱势身份的建构,通过"问题化"将政府和政策视作灾后遭受苦难的原因。灾害不仅导致财产损失和人员伤亡,还揭开了隐藏在社会结构中的不平等等政治性、制度性、政策性的问题。通过"诉苦",灾民完成了"身份"的建构,并基于情感的共鸣和社会道德形成群体的定义和边界;通过"问题化",灾民将自己的苦难建构成与社会结构要素诸如户籍政策、不平等、官员责任感、政府管理过程以及社会歧视等联系起来的问题,形成了灾难的"归因"与"归责"的社会化。

自然灾害情境中,社会个体成员的灾害经历与情境之间的互动体验塑造了灾民的认知与情感。特别是灾害情境与自我认知定位内在一致时,身份的社会建构与基于身份意识形成的群体认同就具有了社会行动意义。通过社会交往和互动,本来拥有地缘、血缘关系等社会资本并且具有相同经历的社会成员之间容易形成同质性的"社会身份认同",为他们之间建立密切的联系提供了牢固的社会资本,成为集体行动社会动员的有利条件。一方面,一个独立的社会个体成员与他人之间的互动与联系,为他们建立"群体认同"提供了内动力;另一方面,自然灾害的问题化

---

① 资料来源:http://www.ceweekly.cn/2014/0804/88974.shtml,2019年2月25日访问。

第四章
自然灾害社会风险链的结构要素

与外部化归因推动群体边界的形成,成为社会成员联合的外动力。在自然灾害问题化和外部归因的过程中,"我们"的概念就此产生,作为对立方的"他们"的边界也相对明确。"我们"与"他们"的群体边界一旦形成,群体意识就产生了。群体意识形成后会塑造群体成员的共同身份,意味着一种新的社会身份——"灾民"身份完成了社会建构,分散在不同地点、原来缺乏联系的个体就成为声气相通的"共同体"。灾民"身份建构"、"问题化"技巧、归因外部化倾向必将引发灾民群体与其他群体的内在冲突。当"灾民"的群体意识越来越强的时候,对立性的群体边界就越清晰,围绕着社会问题认知、经济利益、社会情感之间的分歧越容易显性化。在身份认知、群体意识的推动下,群体理性让位于非理性甚至群体极化,为下一步灾区冲突性集体行动的发生和激化埋下了隐患。

第五章

自然灾害社会风险链的情感动力

社会结构塑造了自然灾害情境中的民众身份建构与问题化策略,而灾民的身份认同和"问题化"又加深了社会结构中的官民紧张关系并凸显了不平等和权利救济制度问题,进而为集体行动创造了社会动员的基础和条件。但是,仅有灾民身份认同和"问题化"过程还不能揭示个体的灾民如何走向有组织的集体行动。毕竟,个体也好,集体也罢,都会经过理性的计算来衡量意向性集体行动的风险和收益。从理性的视角来看,灾民更多应该以"苦难"赢得同情和支持,最大化获得物质利益,而不是发起集体行动甚至抗争活动。尤其是在自然灾害情境中,灾民突然陷入生产和生活"中断"状态,自身正常的生产生活秩序难以保证,很难对集体行动提供支持。那么,究竟是什么因素促使灾民在救灾的背景下还会发起集体抗争活动呢?这就需要关注社会运动、集体行动研究的重要因素:行动者的情感体验与群体情感联系。

第一节
情感与集体行动

一、集体行动中的情感

情感是指"那些让我们开始关注周围世界的心理体验"[1],是现实社会的构成部分,是人与外部客观世界之间互动过程的主观反映。人们在观察周围世界后,基于自己的认知和判断形成了对外部客观世界的主观体验,有关爱、恨、愤怒、悲伤、无助、相对剥夺感、不公平感等的情感由此产生。通过社会成员心理体验的认知、共鸣、认同的微观机制,情感可以

---

[1] J. M. Jasper, Motivation and Emotions, in R. Goodwin and Charles Tilly (eds.), *The Oxford Handbook of Contextual Political Analysis*, Oxford University Press, 2006, p.159.

灾后风险与危机应对
结构·情感·文化

推动人们产生互动和联系,从而形成群体意识和认同。情感、情感主导的互动行为成为社会生活的基础。①

情感在各类社会运动和抗争事件的发生、演进和转化过程中发挥着重要的作用。在早期社会运动的研究中,法国社会学家勒庞就注意到群体的"心理"这一主观性因素对集体暴力的影响。勒庞认为,当人们聚集到一起的时候,他们屈从于集体意志,抑制自己的个人意志,个人完全"淹没"在集体之中。个人被群体淹没可能带来的后果就是智力平均化、创造力的停顿以及群体精神对个体精神的吞并。② 群体中的个人会表现出明显的从众心理,勒庞将此称为"群体精神统一性的心理学规律"。这种精神的统一性造成了一种"虚假"的感觉,即身边的人和我一样,从而激发出非理性的情感和意识。教条主义、偏执、人多势众、不可战胜的感觉以及责任意识的放弃成为普遍的现象。在"群体精神统一性的心理学规律"的支配下,群体成员只知道简单而极端的感情,而缺乏理性的分析和判断。其他社会成员提供给他们的各种意见、想法和信念,他们或者全盘接受,或者一概拒绝,将其视为绝对真理或者绝对谬误。③ 群体偏执与群体情感的易受性和易传染性相结合,增强了群体匿名性对暴力倾向的放大效应。易受性表明,群体是个"无名氏",因此不必承担责任;易传染性表明,在群体中每一种感情和行动都有传染性,都足以使个人随时准备为集体利益牺牲个人利益。在群体里面,理性让位于情感,群体成员很容易陷入极端,容易把感情提升到极高或极低的境界。④ 借助于"心智统一""匿名化"等心理机制,个体理性认识上的"黑暗"状态将个人责任放在一边,假借集体之名为非理性的个体行为谋求合法性,为个

---

① 刘涛:《情感抗争:表演式抗争的情感框架与道德语法》,载《武汉大学学报(人文科学版)》2016年第5期。
② 〔法〕塞奇·莫斯科维奇:《群氓的时代》,许列民、薛丹云、李继红译,江苏人民出版社2006年版,第21页。
③ 〔法〕古斯塔夫·勒庞:《乌合之众:大众心理研究》,冯克利译,中央编译出版社2004年版,第36页。
④ 同上书,第35页。

第五章
自然灾害社会风险链的情感动力

体非理性行为或者暴力行为扫清了心理障碍。

二、集体行动中的"情感管理"

在勒庞看来,群体本质上是"心理群体",是没有个性、目光短浅、不负责任的集合。集体行动是群体非理性激情所导致的结果,在匿名状态下不受约束的激情狂乱会使集体行动具有极大的破坏性。① 在社会运动早期研究中,无论是布鲁默的"符号理论"、斯梅尔塞的"加值理论"还是格尔(Ted Robert Gurr)的"相对剥夺感",都将非理性的情感看作社会运动和集体行动的关键诱发因素。由此,社会运动和集体行动被披上了"非理性"色彩。可以说,当研究者强调情感在社会运动、集体行动尤其是暴力性的集体行动中重要作用的时候,情感视角也将社会运动、集体行动置于"污名化"的地步,并引发了20世纪60年代主张资源动员理论、政治机会结构理论等学者的批评。20世纪70年代后,"情感"逐渐被新的研究概念如"社会网络""资源动员""动员策略""政治机会"等所取代,甚至被社会运动、集体行动的研究者抛弃了。

20世纪80年代,情感视角再次登上社会运动、集体行动研究的舞台。此时,欧洲新社会运动风起云涌。研究者将情感作为集体行动的一种"动员资源"来看待,情感在集体行动中的功能再次受到研究者的关注。研究者发现,在运动发生过程中,参与者之间的交流和互动,可以引发成员间的情感共鸣,从而强化群体意识、群体认同、群体效能感以及群体凝聚力。当群体成员对所在群体产生非常强烈的认同感的时候,尤其是对于群际关系的不公平性产生集体认知的时候,他们参与一项集体行动的意愿就会大大加强。针对特定的事件和现象,社会个体所体验到的愤怒、不满等情感一旦与社会中人们所认同的道德框架相联系,并与这种道德框架产生冲突,愤怒和不满就获得了道义性、合法性,对那些目睹

---

① 谢金林:《情感与网络抗争动员——基于湖北"石首事件"的个案分析》,载《公共管理学报》2012年第1期。

此类事件的人会产生强烈的刺激,引发"道德震撼"效应。①

在集体行动的组织过程中,组织者认识到群体成员体验到的积极情感和消极情感有不同的影响,情感经常被用作集体动员的工具。总的来看,20世纪80年代以来,研究者再次强调了情感在社会运动、集体行动中的重要性,摆脱了对"情感"的非理性认知,将情感与动员策略结合起来,将其视为一种专业化的集体行动动员机制。

三、中国民众集体行动中的"情感"

在日常生活中,民众基于自身的处境形成了"情景认知"和"身份建构"。一旦借助于"身份建构"形成了群体意识,社会中的弱势群体对社会结构中的不公正、不平等以及制度缺陷就会产生厌恶、怨恨、不满意等情感。这种情感会引发社会个体与社会结构之间的紧张和冲突。在这种压力下,社会个体成员的主观情感体验会通过社会成员之间的互动与联系实现扩散,形成具有广泛社会基础的"弥漫性情感",为集体行动提供社会动员基础。民众普遍感受到的不公平是集体行动的触发点,不公平感的积累与"归因"是集体行动的意向基础。在民众的情感表达或者情感宣泄的过程中,地方政府往往成为承受对象,进而可能出现冲突事件。②

在中国民众发起的各类集体抗争事件中,情感是一个重要的组织动员因素。当社会个体成员特别是弱势群体认为他们遭受了不公,社会结构和制度安排没有为其利益表达与情感疏导提供有效的渠道时,他们有可能会选择进行抗争。例如,研究发现民众在维权的过程中,会因为不公平的遭遇、地方政府违法的处置引发情感诉求,产生新的"气",从而可

---

① J. M. Jasper, Emotions and Social Movements: Twenty Years of Theory and Research, *Annual Review of Sociology*, Vol. 37, 2011, pp. 285-303.

② 陈颀、吴毅:《群体性事件的情感逻辑:以 DH 事件为核心案例及其延伸分析》,载《社会》2014年第1期。

能将集体行动推向更具有对抗性的阶段。①

由此观之,情感主导的集体行动面临着双重约束:一是如何将"情感"作为一种有效的动员资源和策略,借助于"情感扩散"形成集体行动的心理基础;二是情感支配下的集体行动很容易失去控制,诱发集体暴力,必然会遭受惩罚。因此,在集体行动中,拥有共享情感的群体必须要求每一个成员既要服从"群体情感规范",又要做好自我的"情感管控";既要能够表达自己的情感,又不至于因情感表达、宣泄手段的破坏性丧失道义和合法性。

第二节
灾区民众的情感体验

一、不公平感

公平感是指人们对社会资源分配状况的主观判断、态度和评价,是社会个体认为自己受到与其他社会个体同样的对待后作出的总体判断。② 从本质上说,公平感是一种社会个体成员之间经过相互比较后形成的主观评价。公平的客体包括尊严、权利、机会和结果等多个维度,其中结果公平也涉及收入、资产、幸福、资源、能力和参与等多个维度。③ 社会公平感体现在资源分配公平、程序公平和交往公平等方面。资源分配的公平感主要是指社会个体对自己的投入和获取的报酬之间进行评价,或者对自己的投入/报酬比与他人的投入/报酬比进行比较而形成的主

---

① 应星:《"气"与中国乡村集体行动的再生产》,载《开放时代》2007年第6期。
② Guillermina Jasso & Bernd Wegener, Methods for Empirical Justice Analysis: Part 1, Framework, Models, and Quantities, Social Justice Research, Vol. 10, No. 4, 1997, pp. 393–430.
③ 王绍光:《平等问题研究框架》,载权衡主编:《收入分配与社会和谐》,上海社会科学院出版社2006年版。

灾后风险与危机应对
结构·情感·文化

观感受。在自我比较时,社会成员对自己所获得的社会资源是否公平的感受,取决于社会成员的自我认知与社会共识之间达成一致的程度。当自我感知的地位低于社会评价的地位时,个体倾向于认为自己所得到的社会资源是不公平的;相反,当自我感知的地位与社会评价地位一致或更高时,个体则更有可能认为自己所得到的社会资源是公平的。① 程序上的公平感则与一致性有关。当一个特定的程序明确后,所有的个体成员在不同时间、不同地点都要面对一致性的程序要求,则社会个体就会感受到公平对待。交往公平感则涉及个体与个体之间交往时互相之间是否有礼貌、是否考虑到了对方的尊严、是否相互尊重。如果一个社会个体在与另一个社会个体交往过程中考虑了对方的尊严、尊重了对方的意见、以有礼貌的方式与对方交往,他也从那里得到了同样的回馈,他就会产生公平对待的感受;反之,他就会产生不公平感。

不公平感是与公平感相反的情绪体验。不公平感是促使个体参与集体行动的重要原因。② 当一个社会的个体成员感受到不公平时,尤其是他认为这种不公平更多是由于"程序不公正"所导致的结果时,往往会出现愤怒情绪。针对"不公平"的愤怒情绪产生后,不公平感就发挥了"情绪聚焦"的作用,即社会个体成员越关注导致不公平的因素,会越发觉得这种因素不能容忍,从而引发改变或者解决问题的行动意向。③ 除了诱发个体的行动意向之外,不公平感也能够催生社会支持,进而形成群体意识。当一个社会的个体成员感受到社会不公平时,他会积极向别人分享自己的主观感受,从而获得他人的理解、支持和认同。在社会支持下,个体更容易将自己的不公平感进行"社会问题对焦",即将诱发自

---

① 刘欣、胡安宁:《中国公众的收入公平感:一种新制度主义社会学的解释》,载《社会》2016年第4期。
② 魏万青:《情感、理性、阶层身份:多重机制下的集体行动参与——基于CGSS2006数据的实证研究》,载《社会学评论》2015年第3期。
③ 薛婷:《社会认同的逻辑:集体行动的理性与感性之争》,清华大学出版社2017年版。

第五章
自然灾害社会风险链的情感动力

己遭遇的不公平结果的因素"显性化",与普遍感受到的社会结构性问题相关联,进而赢得其他社会成员的同情、理解和支持,产生情感共鸣和阶层认同。

社会个体成员"不公平"的感受引发的"社会问题对焦"过程包括两个方面:一方面,群体成员借助于"话语""叙事"等手段形成"社会问题"框架,逐渐形成群体认同,并成为集体行动的动员资源;另一方面,集体情绪增强了集体的效能感,群体成员相信借助于集体行动能够解决"问题",摆脱了社会个体成员在"定义问题"后无力行动的问题。这样,通过"社会问题对焦"的方式,个体的不公平由"情绪"转化成了"问题",由"个体"的问题转化成了"社会"的问题,实现了议题的框架构造和转型,提高了社会成员参与集体行动的意愿,从而为集体行动提供动员基础和持续动力。

改革开放以来,尤其是随着社会转型的不断深入,民众的不公平感逐渐增加,成为影响社会稳定的一个重要诱因。[1] 民众对不公平的归因往往与社会结构有关。大多数民众对改革开放以来的机会公平持有积极评价,对基于机会平等导致的结果不公平持有一定的包容。部分民众认为,社会制度排斥(如户籍制度)、公共资源分配体系、公共政策等是造成不公平的主要原因。例如,针对民众的调查显示,权力、职业和行业是导致不公平现象的主要因素。研究发现,人们越是感受到不公平,越容易增强腐败感知;越是有较高的腐败感知,越容易引发不公平感。[2] 同时,大约29.1%的人选择"因职业造成的不公平"、27.9%的人选择"因行业造成的不公平"作为另外两种最主要的社会不公平现象。另外,地区(24%)、单位(23.4%)和学历(22.5%)等因素也被视为造成不公平

---

[1] 〔美〕怀默霆:《中国民众如何看待当前的社会不平等》,郭茂灿译,载《社会学研究》2009年第1期。

[2] 李辉:《患寡更患不均:不公平感如何影响民众对腐败与反腐败的认知》,载《复旦政治学评论》2017年第1期。

的重要原因。①

民众在日常生活中累积到一定的不公平感就会形成紧张和压力。这种不公平感会因为突发而至的灾害在短时间内被强化,进而形成对一定社会结构要素的怨恨解释。研究表明,自然灾害情境下民众在日常生活中感受到的不公平感会被放大,并形成针对特定社会问题的不满。2008年5月12日汶川地震发生后,为了保障受灾群众的基本生活,各级政府投入巨大力量实施了一系列灾后救助政策。在"举国救灾"的体制下,救助标准、救助时效、救助覆盖范围都有了大幅度的提高。但是,当救助标准提高后,灾区民众并不再集中关注救助水平的高低方面,而开始关注政策内容和实施过程中的问题。灾区民众对灾害救助政策的主观评价发生了变化,他们更加看重救助政策是否公平。② 灾区入户问卷调查显示,被访者对救助政策是否公平的评价中,只有34.48%选择"公平",而有45.2%选择"一般",20.32%选择"不公平"。③ 在灾害情境下,灾民因灾损失越大,公平感会越差;灾民得到的补偿越多,公平感会更强。

虽然灾民的期望在一定程度上综合了损失和补偿两个方面的影响,但通常期望越高,公平感越差。在政策执行过程中,救灾物资和资金的分配方式对灾后救助政策公平感有非常重要的影响。灾民期望可以按照自己的个体或者家庭的实际损失和生产生活需要进行分配,即认为按实际需求分配救灾物资和资金是比较公平的做法。但是,在现实生活中,为了提高救灾效率,地方政府往往是没有办法去仔细评估、登记每一个灾民个体和家庭的实际需求情况,而是按照每人每天1斤粮、10元钱

---

① 李春玲:《各阶层的社会不公平感比较分析》,载《中国党政干部论坛》2005年第9期。
② 张欢、任婧玲、刘倩:《析灾后救助政策公平感的影响因素——基于汶川地震的实证研究》,载《南京大学学报(哲学·人文科学·社会科学)》2011年第3期。
③ 张欢、任婧玲:《灾后救助政策公平感的测量——基于玉树地震灾区的研究》,载《北京师范大学学报(社会科学版)》2011年第6期。

第五章
自然灾害社会风险链的情感动力

的统一标准快速下发救灾物资和资金。从救灾效率的角度来看,这种政策标准和执行过程中分配救灾物资和资金的方式有其合理性,但是对灾民来说却降低了灾民的公平感。

在汶川地震发生后,上千万人被临时安置在各种各样的简易房屋、抗震帐篷等避难设施中。余震不断,随时都要防止地震次生灾害的发生,每日都处在惊恐之中。灾区民众可能会担心,自己是否已被纳入政府救助统计的名单里。特别是在农村地区,地理位置偏远,救援物资紧缺,多数村民都会盯住有限的救灾物资。乡镇政府在接到救灾物资后,按照常识应该马上分发给那些受灾最严重的村庄,再由村委会分发给受灾最严重的村民。如果涉及国家现金补助和社会捐款的发放,村委会必须经过各组村民代表讨论、推举名单、进行公示,没有异议的情况下才能下拨钱款。可是在灾害发生后的混乱时期,救灾刻不容缓,大家很难坐下来按部就班、细致甄别,而且不患寡而患不均,农村的关系比较复杂。于是,一些地方就采取平均分配救灾物资、救灾款的方式。

在汶川地震中,参与救灾工作的社工秉持弱势优先原则,尽力将最宝贵的资源投入到最需要的人群中去,尽可能实现精准救助和公平救助。但是,在救灾安置上,每个个体的安置方案和实际情况差异性较大。如果单纯按照财产损失程度定义灾民身份及援助标准,其实是忽视了个体之间的差异,一些弱势村、弱势族群的特殊需求会被忽视,这样的灾后救助某种意义上说也在制造不公平。[①]

在灾后救援、安置和重建的过程中,部分灾民对形式公平、结果公平有不同的理解,特别是当自己的需求没有得到及时满足时,救灾政策会引发部分灾民的不满。南山岛遭受台风袭击后,部分灾民就对房屋重建的审批问题产生了不公平感。有村民反映,建房的审批基本流程是村民上报村委会,村委会上报管委会,但管委会一般搁置不予审批。能够审

---

① 张和清等:《灾害社会工作——中国的实践与反思》,社会科学文献出版社2011年版,第54—55页。

灾后风险与危机应对
结构·情感·文化

批盖房的主要是很早就盖了房子的、关系够硬的等情况。关于建房,管委会给了一些水泥和瓦片到村委会。村里有些人领到了水泥和瓦片,有些人则没有。①

　　救助政策往往注重原则性,而现实情况却千差万别。受灾的每家每户的现实情况远远比政策制定者想象的复杂得多,政策执行者的自主空间和灵活性没有办法解决灾民个体受灾情况不同和需求差异问题,形式上的公平与公正、结果上的公平与公正很难有机统一。比如农户建房补助,中央的政策是每户一万元,地方政府再给予一万元房屋重建补贴。但是到了农村,不考虑每户人口多寡,一律给予两万元房屋重建补贴就有些不合适。因为有的一家三口人,有的一家六口人,有的是分家后组成的新家庭,有的是祖孙三代同堂,有的家庭尽管四世同堂住在一起,但是有两三个户口本,还有人住在这里,但户口却不在这里或者户口在这里但人却不在这里住等情况。如果基层负责执行救灾安置和灾后重建政策的乡镇政府照本宣科,按照派出所户籍登记来发放补助,势必引出很大的纷争来。为了避免灾民之间的纷争,基层政府必须仔细调查每家每户真实的受灾情况和家庭情况,充分征求民意,然后再制定实施细则。但是,基层政府严格按照程序仔细调查每家每户的受灾情况,制订救灾方案时又广泛征求民意则会耗时又耗力,最后灾民拿到补贴可能要等五六个月甚至一两年。这又会引发部分灾民抱怨。因此,基层政府拿到救灾物资和资金,如何把它合理合法地分配下去,既要达到救灾的目的,又不会引起民众的不满和社会不稳定事件的发生,确实是一个需要政府绞尽脑汁思考的问题。

　　此外,地方政府为了安抚灾民情绪,消除民众的因灾恐慌问题,往往借助于媒体宣传地方政府的救灾行动、救灾效果。但是,在遭受灾害的情况下,民众基于对自身情境的定义,将自己看作是"灾民",对外部的救灾行动有强烈的期望。从"灾民"的生活困境、心理紧张来看,他们急切

---

① 访谈对象:南山岛某村村民李某,家里,2017 年 2 月 27 日。

第五章
自然灾害社会风险链的情感动力

盼望能够得到及时的关注和救助,尽快摆脱生产生活困境。安全感是人的基本需求,这种基本需求必然会催生强烈的"期盼"。一旦这种期盼形成"救助预期",而政府的救灾行动、救助力度与其"预期"存在差距,就很容易引发民众的批评、谴责和不公平感。在灾后救助、安置和重建的过程中,救灾政策要既能保证救灾、恢复和重建工作的效率,又能够体现形式上的公平。但是,注重形式公平很可能会脱离部分灾民的实际需求,导致实际救灾结果上的"不公平";为了提高救灾效率,救灾标准、程序的"精准性"让位于政策执行的"一致性",也会导致部分灾民在横向比较后产生不公平感。民众对救灾政策、救灾结果的不公平感又会与民众日常生活中的经验感知相联系,通过腐败感知强化救灾政策的不公平感,进而影响民众的相关行为。

灾区民众的不公平感凸显了他们的"身份建构"的价值和实际意义:通过横向比较和纵向比较,将自己的"困难"揭示出来,并与特定的社会结构问题相联系,强化了灾民个体与社会结构和制度之间的紧张。在"问题化"的过程中,灾民的归因与归责实现了转移,由不可控的自然因素转向可控的救灾政策过程,将自身的"困境"政治化、社会化,推入政府政策议程。在不公平感的支配下,部分灾民通常将自己的悲惨遭遇和现实生活困难归因于救灾政策内容不公平、程序的不公正等因素。这种不公平感推动群体由"问题中心"向"情绪聚焦"的转型。借助于人际互动,灾民群体强化了"问题"的普遍性,并将这些"问题"与政府履职不到位、救灾政策缺乏公平性、救灾政策脱离实际等联系起来,产生了针对基层政府和救灾政策的不满情绪,进而产生集体行动意向。

二、不满意感

满意度是个体对一段关系和质量的主观评价。在管理学领域,"满意度"常常用来衡量顾客对企业产品和服务的预期期望与实际体验之间的匹配程度。一般来说,一个顾客对企业提供的产品和服务的体验越是符合其预期,满意度就会越高,该顾客选择再次购买该产品或者服务的可能性就越大。① 在消费和商品(服务)使用过程中,顾客体验到的满意度会引发特定的情绪,进而决定了顾客的行为。顾客对企业提供的产品和服务的满意度高,情绪体验上就会呈现满足、感谢、称赞、愉快、肯定等主观体验,就会产生继续购买、向别人推荐等行为;反之,顾客体验到的满意感低,顾客情绪上就会呈现遗憾、抱怨、气愤、恼怒等,要么再也不买该产品和服务,要么会到处传播负面信息。因此,顾客满意度决定了一个产品或者服务的"黏度",决定企业与顾客之间是否能够维持稳定关系,是企业改进质量管理的重要手段。随着新公共管理理论和实践的演进,"以顾客为导向"的公共管理越来越重视民众的感受和体验。"满意度"评价就是常用的一种手段,旨在了解民众对公共服务的感受、体验和认可程度。公共服务满意度体现了民众对于公共服务质量的总体评价,从政府管理效果和效率、公共服务人员素质和服务效能、政府行为的合理化水平等方面全面反映了政府与民众的关系。②

随着"以人民为中心"思想的提出,中国各级地方政府越来越重视公共服务的满意度问题。各级政府以基本公共服务为财政支出的重点,抓住民生工程、实事工程、惠民工程建设等手段,不断改进公共服务规模、质量和覆盖面,赢得了人民群众的高度评价。2016年的调查显示,民众对包括中小学教育、公立医院服务、房价稳定、社会保障、环境保护、社会治安、基础设施建设、休闲娱乐设施建设和公共交通等基本公共服务满意度较高。数据显示,接近30%的城市居民对于城市政府基本公共服务质量给出了优良(8分以上)的成绩。③ 2017年的调查显示,相比2016

---

① R. N. Cardozo, An Experimental Study of Customer Effort, Expectation, and Satisfaction, *Journal of Marketing Research*, Vol.2, No.3, 1965, pp.244-249.
② 刘武、杨雪:《论政府公共服务的顾客满意度测量》,载《东北大学学报(社会科学版)》2006年第2期。
③ 黄辛:《2016中国城市公共服务满意度调查报告发布》,http://news.sciencenet.cn/htmlnews/2016/6/349896.shtm,2019年3月2日访问。

第五章
自然灾害社会风险链的情感动力

年而言,主要城市的居民对政府公共服务的满意度评价有所提高。① 根据调查,民众对"公职人员办事效率通常较高"的认可度为32.51%、对"公职人员服务态度通常较好"的认可度为32%、对"获得政府信息较为便利"的认可度为35.28%、对"政府主动公开开支"的认可度为35.49%、对"政策通常能够反映民意"的认可度为33.14%、对"政策制定通常征求民众意见"的认可度为33.54%。②

从近年来的调查结果来看,民众对公共服务的满意度评价越来越高,对政府的服务意愿、服务能力、服务效果持有积极肯定的态度。但是,在灾害背景下,受制于灾情规模、救助需求规模、资源约束、组织等级等因素,政府在短时间内的救助资源和能力有限,不能够满足民众所有的救灾需求,尤其是特定群体的救灾需求,往往会引发民众对政府救灾的不满意,进而引发负面情绪。以汶川地震为例,地震对农村和城镇地区的房屋造成严重的损坏,并导致严重的人员伤亡,整个震区在临时安置、基本生活、医疗救助、心理辅导、社会支持、未来的就业与发展等方面均存在巨大的、多样化的社会需求。为了应对巨大的救灾需求,党中央、国务院举全国之力从政策、资金、对口援助等多角度展开了卓有成效的救灾和重建工作。据统计,党中央、国务院在72小时内调集14.6万陆海空和武警部队官兵驰援灾区进行救援,灾后组织18个东部沿海省市对口支援汶川地震灾区各地市恢复和重建工作。③ 据统计,截至2008年11月底,中央和地方各级财政安排抗震救灾资金1287.36亿元,18个中央部门单位、31个省(自治区、直辖市)和新疆生产建设兵团共接受救灾捐赠款物640.91亿元,全国共有4559.7万名党员缴纳"特殊党费"97.3

---

① 常红、饶竹青:《2017年我国主要城市的公共服务满意度有所提高》,http://world.people.com.cn/n1/2017/1227/c190970-29731630.html,2019年3月2日访问。
② 黄辛:《2016中国城市公共服务满意度调查报告发布》,http://news.sciencenet.cn/htmlnews/2016/6/349896.shtm,2019年3月2日访问。
③ 《中国力量铸就重建奇迹——写在汶川地震十周年之际》,http://www.gov.cn/xinwen/2018-05/11/content_5290250.htm,2019年3月4日访问。

灾后风险与危机应对
结构·情感·文化

亿元。①

中国政府存在明显的层级结构,中央政府、地方政府之间在财政权、事权等方面进行了划分。在救灾和重建过程中,中央政府往往制定原则性政策、给予资金支持,地方政府则是救灾和重建的第一责任人。考虑到政策对象涉及的政情民情社情,地方政府对所管辖地区更为熟悉,对政策执行有一定的灵活性,各种救灾措施的针对性、灵活性、时效性决定了灾民所能得到的各种灾后救助和生活支持。如果地方政府在抗震救灾第一线的工作成效欠佳,但上级政府的政策宣传很到位,那么部分灾民会感受到巨大的差异,其对地方政府的满意度不会高,由此可能引发对政府救灾工作的负面情绪。

在汶川地震中,尽管通过举国体制、全体社会动员创造了人类特大灾难事件救援和重建的奇迹,但是灾民预期与实际体验之间还是存在一定的差距,引发部分灾民的不满意。灾民的不满意主要来自两个方面:一方面,部分地方政府存在救灾资金使用不规范、"搭便车"、资金挪用等问题;另一方面,部分灾民渴望得到充分救助的预期超越了政府救助能力。调查显示,灾民对中央政府救灾的满意度要大大高于对地方政府救灾的满意度,灾民对地方政府救灾的满意度不高很大程度上决定了灾民的心理和谐程度。②

地方政府在救灾和重建过程中如果存在一些执行偏差,容易引发灾区民众的不满意。国家审计署在审计汶川地震具体救灾资金和物资使用时发现,少数地方和个别单位在发放补助时存在搭车收费、提高内部补助标准、与灾民需求不对接、挪用经费、优亲厚友等现象。例如,四川省广元市元坝区丁家乡青龙村337户受灾群众的10.11万元补助金被抵扣作为修路集资款;崇州市怀远镇将拆除危房与发放钱粮补助挂钩,

---

① 《审计署关于汶川地震抗震救灾资金物资审计情况公告》(第4号),2008年12月31日。
② 白新文、任孝鹏、郑蕊、李纾:《5·12汶川地震灾区居民的心理和谐状况及与政府满意度的关系》,载《心理科学进展》2009年第3期。

第五章
自然灾害社会风险链的情感动力

造成该镇221户不愿拆除危房的困难群众未能得到钱粮补助等。①

满意度与生活的幸福感有密切的相关性。只有生活幸福了,人们才能对关系和质量有积极的评价,满意度才能提高。救灾与安置工作既需要有充足的资源,也需要时间来逐步实施。安置点的规划、活动板房建设、配套设施建设都非一日之功。在灾害情境下,灾民生产生活中的各种"需求"汇集到承担救灾和安置工作的基层政府。基层政府在短时间内不可能完全满足千差万别的个体化救灾需求,一些灾民与基层政府之间必然会陷入紧张关系。汶川地震发生后,尽管中央发挥集中统一领导的制度优势快速组织建设活动板房作为过渡期灾民安置用房,但是作为一种临时性措施,可能存在诸多生活不便。毕竟,几十万人居住在安置房里,就难以回归正常的生活和秩序。加上暑期烈日汛期风雨、洗澡、吃饭等生活上的不便以及健康卫生防疫方面的隐忧,都会激化一些灾民内心压抑的情绪。

为缓解灾民的心理紧张,宣传工作侧重积极引导、突出正面人物和事迹。但当新闻传播的内容、议题、叙事框架与一些灾民的生活实践存在较大差距时,则会引发不满。灾后一些灾民的生活往往陷入持续的困境之中,不满情绪会越积越多,一点小小的摩擦就可能引发冲突。在橡木遭受水灾的日子里,一些灾民陷入严重的生活困难。对于灾害,地方政府没有作预警,使得他们对于灾害毫无准备,没有任何应急物资储备来应对灾后的生活。食品、饮用水缺乏,电力中断、通信中断,与灾情有关的信息也未及时公布,一些灾民面临生活困难和缺乏安全感的双重打击。这时电视台记者称橡木已恢复正常生活便被民众认为未反映真实情况。加之记者回应不当,于是引发大规模人群聚集和围堵转播车辆。②

除了救灾和安置工作外,维护灾区社会稳定也是基层政府的重要目

---

① 《审计署关于汶川地震抗震救灾资金物资审计情况公告》(第3号),2008年8月4日。
② 鲁纪焕:《为了忘却的纪念——亲历橡木"菲特"特大水灾》,http://blog.sina.com.cn/s/blog_642575a90101gohd.html,2019年3月4日。

标。在灾区生产生活临时中断的情况下，各级地方政府甚至面临着比平时更大的上级压力。基于维护社会稳定、灾区秩序的需要，基层政府必须运用各种手段来回应、引导和管控民众诉求，防止事态恶化以及产生群体示范效应。在灾民与基层政府的互动中，如果基层政府应对失当，一些灾民原有的"不满意"又会引发其他的情感体验：冷漠对待、不被尊重、强迫、屈辱等感受，直接将一些灾民与基层政府拉入"面对面"的紧张之中。不满意往往与社会公平感有联系，二者之间相互强化，进一步引发一些灾民对救灾、恢复和重建工作的消极评价和负面情绪。一些灾民在社会结构中本来就处于"弱势"地位，拥有的资源较少，得到的社会支持较少，对危机的承受能力较差。这类社会成员一遇到灾害就会陷入巨大的困境，生活的秩序、稳定和安全预期荡然无存，极容易引发负面、消极的情绪。① 社会个体成员在日常生活中发现预期与现实存在较大的差距时，就可能会产生不满意感；当他/她进行横向比较或者纵向比较时，又容易产生不公平感，进而映照自己的生活，强化了"不满意"的评价。在主观感受和社会比较的过程中，一些灾民的"不满意"会诱发其对基层政府的救灾工作等方面的指责、批评、抱怨，甚至引发极端的个体行动和非理性的群体行动。可以说，一些灾民的"不满意"将其日常生活实践与基层政府的救灾和重建工作联系起来，对基层政府形成道德压力和维稳压力。

三、灾民的腐败感知

通常，腐败是指为私人利益而对公权力的滥用。② 腐败行为涵盖了政府官员出售政府财产、公共采购中获取回扣、贿赂和挪用政府资金等。

---

① 张静秋、汤永隆、邓丽俐、刘玲爽、赵玉芳、胡丽：《5·12四川地震灾民社会支持的调查》，载《心理科学进展》2009年第3期。

② Transparency International, The Anti-Corruption Plain Language Guide, July 2009, p.14, https://images.transparencycdn.org/images/2009_TIPlainLanguageGuide_EN.pdf, visited on 2019-07-10.

第五章
自然灾害社会风险链的情感动力

腐败行为与很多因素有关系,制度的完备性、法律的独立性、文化传统以及个体的教育水平、法制意识等,都可能会对腐败产生影响。

尽管在宏观层面上人们对腐败的角色与功能还存在一定的分歧,但是对于普通民众来说,"腐败"是一个"坏东西",对"腐败"一直存在"厌恶""反感"等情感体验。这里涉及一个非常重要的研究腐败的维度:腐败感知。腐败感知是指民众对于政府及其官员腐败行为的主观感受和评价,是衡量一国政府腐败程度的重要指标。[1] 腐败感知不一定是对真实的腐败过程和腐败危害的客观反映,而是社会个体基于自身的经历、信息、教育水平等因素对腐败范围和程度的主观认定。民众的腐败感知是一个主观评价的过程,受到很多因素的影响。研究发现,绩效、文化和信息是影响公众腐败感知的重要因素。民众对于政府的腐败感知取决于对外界与腐败相关的信息接触、获取和接受的过程,实际上是民众"社会学习"后的结果。[2] 民众对政府反腐败工作的满意度越高,其感知到的清廉水平也越高,认为腐败程度越低;民众的腐败容忍度越低,其感知到的清廉水平越高,认为腐败程度越低;有行贿经历和被索贿经历的民众与没有这些经历的民众相比,感觉到更低程度的清廉水平。[3] 研究发现,民众腐败感知越强烈,越有可能通过行贿的方式获取利益,从而助推官员腐败程度和行为;反之,民众腐败感知越不强烈,认为政府越清廉,则民众对政府的信任和政权合法性的认同就越高,更容易通过合法化、制度化的渠道获取利益。[4] 因此,预防腐败和反腐败不仅仅需要关注制

---

[1] R. Rose & W. Mishler, Explaining the Gap Between the Experience and Perception of Corruption, Centre for the Study of Public Policy, University of Aberdeen: Studies in Public Policy No. 432, 2007.

[2] Rajeev K. Goel, Michael A. Nelson, & Michael A. Naretta, The Internet as an Indicator of Corruption Awareness, *European Journal of Political Economy*, Vol. 28, No. 1, 2012, pp. 64–75.

[3] 倪星、孙宗峰:《政府反腐败力度与公众清廉感知:差异及解释——基于 G 省的实证分析》,载《政治学研究》2015 年第 1 期。

[4] M. A. Seligson, The Impact of Corruption on Regime Legitimacy: A Comparative Study of Four Latin American Countries, *The Journal of Politics*, Vol. 64, No. 2, 2002, pp. 408—433.

灾后风险与危机应对
结构·情感·文化

度建设,还需要不断改变民众的腐败感知,从而增强民众对政府的信任和瓦解滋生腐败的社会土壤。

民众不仅仅依靠主观的评价即腐败感知来认识反腐败、官民关系和政府信任等问题,"腐败传说"也会对民众与政府的关系产生重要的影响。"腐败传说"是指普通民众对于政府及其官员腐败的看法以及由此而产生的情感。① "腐败传说"体现了民众借助于自己的腐败感知对真实的或者想象的腐败这一事实的确认。"腐败传说"既可能是来自自己的亲身经历,也可能是无中生有的"谣言"。有无遭遇腐败的亲身经历则与腐败感知、反腐败成效感知呈现出显著相关性。② 特别是在互联网时代,各种社交媒体的使用强化了民众的腐败感知,放大了媒体传播对民众腐败感知的影响,以至于各种社交媒体成为"网络反腐"的阵地和利器。③

尽管民众的"腐败传说"与腐败感知未必能真实反映腐败的情况,但是会对民众如何看待政府的反腐败成效、腐败程度等评价产生重要影响。借助于腐败传说和腐败感知,民众往往会对政府形成不同的价值判断和情感,进而会引发一系列针对腐败的个体或者集体行动。但是,仅有腐败传说和腐败感知还不能够将个体社会成员与各种针对腐败的社会行动联系起来。民众是否会发起反腐败的集体行动还与民众的腐败容忍度有关系。腐败容忍度是指民众对待腐败的态度和采取反腐败行动的意愿。民众对待腐败的态度和反对腐败的行动与腐败现象存在不同程度的相关度:民众对待腐败的态度与腐败严重程度弱相关,民众反对腐败的行动与腐败严重程度强相关。④ 民众的腐败容忍度对于治理腐

---

① Gunnar Myrdal, *Asian Drama: An Inquiry into the Poverty of Nations*, Pantheon, 1972.
② 袁柏顺:《公众腐败感知与腐败的民间传说——基于 C 市城区公众腐败感知调查的一项研究》,载《公共行政评论》2016 年第 3 期。
③ 薛可、余来辉、余明阳:《媒体使用、政治信任与腐败感知——以中国网民为对象的实证研究》,载《吉首大学学报(社会科学版)》2018 年第 6 期。
④ 张远煌、彭德才:《民众的腐败容忍度:实证研究与启示——基于世界价值观调查数据的分析》,载《厦门大学学报(哲学社会科学版)》2017 年第 1 期。

第五章
自然灾害社会风险链的情感动力

败意义重大,但是社会个体之间的腐败容忍度差异却很大。一个国家的制度影响了民众对腐败的定义和认知,一个国家的文化很大程度上决定了民众对待腐败行为的态度和价值,一个国家的大众传媒所传达出的信息也会对民众的腐败容忍度产生显著的影响。① 借助于腐败感知、腐败传说、腐败容忍度,民众可以建立对所在政治体系腐败程度的判断,进而形成特定的情感和行动意向。

在自然灾害情境下,部分灾民可能会将自身的遭遇归因为"腐败",且持有较强烈的负面评价和较低的容忍度。这种"腐败感知"有时结合一定的现象会加深民众的反感、厌恶情绪。

例如,灾害发生后,救灾物资成为备受关注的问题。汶川地震后,有民众发现在××市一些小区、街头出现了标有"民政部""救灾专用"等字样的大型帐篷,来源不明。而××市不属重灾区,也不在余震区域。目击者称,有一个四五十岁的男子和几位女士在帐篷里面打麻将,有市民进去问帐篷哪里来的,市民称男子回答"有关系弄到的",这引起了市民的愤怒。于是一些市民聚集过来,最后地方政府介入后查实这些帐篷实为自购。②

与自己所遭遇的不公平、不满意的生活困境相比较,灾民的腐败容忍度更低,有可能将自己的悲惨遭遇归因于政府尤其是地方政府官员。南山岛遭受风灾后,有村民说,自己房子坏了,要交钱才能运水泥和瓦片上岛。按照执法大队的要求,一台空调上岛运输要收费 200 元。为什么村民不能运?为什么要收钱?③ 一些灾民基于自身的遭遇,容易将因灾损失和伤害归因于"腐败",形成了"夸大腐败"现象,这容易引发民众与基层政府工作人员之间的矛盾。

---

① 岳磊:《制度、文化与传播对公众腐败容忍度的影响:基于对河南省居民的调查分析》,载《武汉大学学报(哲学社会科学版)》2017 年第 4 期。
② 胡服、王莹、张东锋:《救灾帐篷惊现××市区 四川民政厅称将严查》,载《南方都市报》2008 年 5 月 22 日。
③ 访谈对象:南山岛×村村民王某某,2017 年 2 月 28 日。

中央政府为了保障救灾资金、物资能够切实发挥作用,减少可能的腐败,积极主张全社会一起来监督救灾、安置和重建工作,预防可能发生的腐败。中央政府专门组建了监督、巡视组织,媒体也公开介入资金使用、物资分配以及灾后重建的监督过程。尽管腐败感知和腐败容忍度因个体的差异而有所不同,但部分灾民对救灾物资、灾后重建过程却是高度敏感的。毕竟,廉洁、高效的救灾和重建行动直接关系到他们的基本生活和未来。在灾害背景下,民众特别是部分灾民无论是基于道义还是因灾遭受的生活困难,对腐败感知更加敏锐,对腐败容忍度大大降低,他们监督腐败、参与反腐败的行动意愿非常强。"腐败传说"与日常生活实践互动的结果强化了部分灾民对腐败的主观认定和评价。在"腐败感知"和"腐败传说"共振作用下,哪怕是一点小小的不公正、不平等、救灾迟缓等都可能被部分灾民认为与"腐败"有关联。可以说,自然灾害放大了民众的"腐败传说",强化了部分灾民的"腐败感知",降低了民众的腐败容忍度,形成了强烈的反腐败的道德责任感和行动意愿,为集体行动提供了道义支持和社会动员基础。

第三节
"负反馈":灾民与基层政府的情感互动

人是理性与非理性行动的混合体。在个人决策的过程中,理性占据着重要的地位,但是情感也是影响甚至支配个体行动的重要因素。在社会运动和集体行动研究中,情感的作用机制可以概括为群体认同的动员机制、群体心理统一的非理性机制以及群体兴奋的暴力诱发机制。尽管我们不能说情感在社会运动、集体行动中发挥着决定性的作用,但情感在组织动员、框架塑造、策略选择以及集体行动的稳定性方面确实发挥着重要作用。

第五章
自然灾害社会风险链的情感动力

在灾害背景下，社会个体长期依赖的社会关系网络、社会支持体系受到破坏，个体尤其是灾民在短时间内很难借助个人关系网络和社会支持体系来摆脱困境。灾害不仅仅揭开了自然界的破坏性，还将人类内在的、本能的情感给唤醒了。在自然灾害带来的破坏性冲击下，民众的情感极容易形成"共鸣"；突然而至的灾难带来的人员和财产的重大损失，会将人类心底里的恐惧、同情、怨恨、茫然、绝望等种种情绪激发出来。个体一旦与他人产生了情感互动，就会强化个体的情绪体验。在社会生活中，灾害在社会成员中起到了"情感唤醒"和"情感震撼"的作用，让他们之间超越了日常社会关系网络导致的隔阂而走向了聚合。在灾民个体或者群体"问题化"的基础上，日常生活中能够忍受的问题会被无限放大。个体间的情感共鸣逐渐形成了"社会问题"的框架，个体的情绪体验会被塑造成阶层问题、制度问题、腐败问题等宏观社会议题。可以说，部分灾民一旦寻求联合，由情感支配的归因过程必将呈现政治化、社会化，将各种问题指向基层政府和救灾制度，并由此产生针对基层政府和救灾政策的集体行动意愿。

灾民在由个体走向集体、由制度化的手段走向非制度化的手段表达诉求的过程中，情感会经历一个不断整合、升级和强化的过程：个体的苦难会引发恐惧、无助以及担忧的情绪，然后驱动个体走向联合；群体形成后，借助于身份构建和问题化策略，群体认同会重新界定个体所遭受的"苦难"，从而形成新的"框架"，即个体遭受的苦难具有普遍性，这与特定的社会结构有关；在灾民群体叙事的框架中，不公平、不满意、对腐败的痛恨会发挥情感唤醒和情感震撼的作用，通过群体成员之间的互动形成情感共鸣，将社会结构中的官民关系、不平等等社会问题"显性化"。在互动与表达中，愤怒、怨恨等情绪会逐渐充满部分灾民的内心，因愤怒、怨恨引发的极端行动就会成为个体或者群体排解内在压力的重要手段。愤怒、怨恨情绪容易引发部分灾民的"情感混乱"：一方面热烈欢迎社会各界人士对他们家乡的重建工作给予援助，另一方面又抱怨在自己家园的重建过程中缺少了主导权；一方面对整天因救灾安置和重建工作忙得团团转的基层政府工作人员投以感激和同情,另一方面又可能为了一点点小事、稍不如意就会恶语相向。① 这种"认知失调"使得部分灾民的情绪具有极大的波动性,一点点小小的刺激因素都可能会在他们的情绪上引起巨大的波澜。②

研究表明,为情感所支配的个体已经超越了单纯的理性逻辑,纯粹为了"价值"而奋斗,将会使群体走向激进化。③ 因此,灾民群体围绕特定问题的情感表达就有可能引发与基层政府的紧张关系。在灾害背景下,由于承受着救灾与重建的工作压力,各级地方政府不可能像常态社会那样有足够的时间、空间、资源和弹性来调和这种紧张关系。当一些灾民发现,超越个体的无助走向群体联合仍然无法解决自己的困境时,将会引发更加负面和极端的情绪体验。由此在灾民群体与基层政府之间形成了"相互强化"的情感逻辑:一方面,部分灾民不断地提出各种诉求,并通过个体或者集体的行动来表达诉求,往往给基层政府带来巨大的救灾、安置、重建等工作压力;另一方面,部分灾民救助预期与实际得到的救助之间的差距使他们对基层政府工作的满意度较低,借助个体行动、集体行动无法得到及时的回应,又会激发他们产生更加消极的情绪体验。部分灾民负面情感体验越强烈、表达诉求的行动越多,基层政府越可能对灾民产生负面评价;部分灾民越感受到基层政府的这种负面评价,越会产生情感体验的负面化。在灾民与基层政府之间,双向情绪的"负反馈"不断强化了双方之间的情感排斥,消解了妥协、合作与让步的空间,容易使本就因救灾和重建工作疲惫不堪的基层政府与灾民群体产生冲突。

---

① 赵旭东、辛允星:《否定的逻辑:汶川地震灾区民众的情感认知冲突及其转换》,《中国农业大学学报(社会科学版)》2010年第2期。
② 〔美〕费斯汀格:《认知失调理论》,郑全全译,浙江教育出版社1999年版。
③ 〔美〕科塞:《社会冲突的功能》,孙立平等译,华夏出版社1989年版,第98页。

第六章
自然灾害社会风险链的文化框架

社会结构决定了社会成员之间的关系和互动模式,诱发不同群体之间的合作或者紧张关系。在特定的空间情境下,社会成员借助于情感形成联系和互动,建立群体意识,明确群体边界,产生群体认同,生成集体行动的意向。但是,除了社会结构和情感外,集体行动是否发生、以什么样的形式发生还受到群体所处的特定社会情境和文化体系的影响。社会结构决定了集体行动的意向,文化则塑造了集体行动的形式和话语。社会个体所处的文化体系中的价值观、话语模式以及传统惯习决定了人们如何对事物进行定义,决定了人们的看法和判断,进而对集体行动的框架、策略和结果产生重要的影响。

第一节
文化与集体行动

一、集体行动的文化转向

　　社会个体天然地处在一个特定的文化系统中,一切行为都是文化的展示活动。"文化"是一个抽象的、包罗万象的概念,最早由古罗马思想家西塞罗(Marcus Tullius Cicero)提出,意指"灵魂的培养",并由此衍生出跟人类生产生活方式相关的经验和知识。一般来说,文化是一群人为了适应特定的环境、基于共同生活所形成的、约定俗成的意识形态体系。文化既包含人类社会创造的一切物质世界,也包含社会交往中形成的观念、价值、思想、艺术等精神内容。文化的载体多种多样,语言、文字、建筑、饮食、习俗、艺术、技能、知识、工具等都可以是文化的载体或者表现形式。文化是一个复杂的精神体系,一般可以分成三个层次,即器物文化、制度文化和理念文化,分别对应物质、社会和观念。任何一种文化都是特定空间内社会共同体成员共享的一套约定俗成的意识体系,具有时间和空间上的独特性;任何文化一旦形成,就具有相对的稳定性,从而成为一种"先验存在"的观念体系,社会的每个个体在认识客观世界时必然会受到文化的影响;文化又是可以后天学习的,借助于教育、社会交往以及生活体验,社会个体成员可以学习一个特定社会文化系统中的语言、符号、知识以及艺术,从而习得、传承一个社会特定的文化框架、认知体系、价值信仰和行为模式。

  在社会运动和集体行动的早期研究中,人们更多关注情感因素,尤其是非理性的情感因素的作用。怨恨、不满、相对剥夺感被认为是诱发集体行动的重要原因。但是,这种将情感因素视为非理性的研究视角受到研究者的批判。在批判情感视角的过程中,基于理性主义视角的资源动员理论和政治机会结构理论应运而生,成为20世纪70年代集体行动研究的主流框架。资源动员理论将组织、资源、策略、技术作为解释集体行动的机制,而政治机会结构理论将国家、政党、权力看作集体行动发生、发展的决定性因素。资源动员理论夸大了"理性"在集体行动中的作用,毕竟行动的组织者和参与者并不是完全基于"计算"来决定如何组织和是否参与行动的。政治机会结构理论由于把影响集体行动的因素"结构化"为国家、政党和权力关系,将所有的要素都认定为"机会",从而丧失了理论的科学性和"可证伪性",因而受到广泛批评。同时,资源动员论者和政治机会结构论者忽视了一个重要的问题:任何个体都是生活在特定的社会情境和文化背景中的行动者。社会情境和文化背景决定了社会个体对某个特定社会问题的看法、观点和态度,进而影响到他如何看待集体行动以及是否支持该行动。因此,在反思和批判原有集体行动研究理论的基础上,人们重新将视野转向文化,力图从文化的角度来解释集体行动的过程及策略。

第六章
自然灾害社会风险链的文化框架

二、文化框架与集体行动动员

集体行动是行动者之间互动的过程,也是一种文化现象。① 组织者和参与者不仅需要基于理性的分析和计算来选择动员技术和政治机会窗口,还需要对特定的事件和情景赋予意义,进而发起行动。② 文化在集体行动中的第一个功能就是"框架建构"。"框架"是指社会个体成员认知、理解、鉴别以及标记周围客观世界发生的事情的"理解图式",是分析一个社会成员行动的微观心理过程概念。③ "框架"意味着在现实世界中,人们在头脑中所呈现的"意义"不是自然附着于人们所遭遇的事件或经验等之上,而是一个经过"互动解读"后被赋予到头脑中的过程。④ "框架"影响人们如何定义问题、如何解释问题、如何对问题进行主观评价、如何形成应对策略。在集体行动中,"框架"就是行动的组织者、领导人或积极分子所提出的意识形态、话语和价值观,它能将集体行动的组织者、参与者或潜在支持者的情感诉求联系起来,采取一致性行动。⑤ "框架"塑造人类认知和行动的过程体现在三个功能上,即"框架"具有聚焦、链接和转变的作用。聚焦意味着在"框架"的作用下,人们会注意某些事情和细节而忽略其他的事情和细节。链接是指借助于"框架"人们可以把现实生活中分散的、碎片化的感知整合成一个整体的、系统的认知体系。"框架"很大程度上决定了人们如何"链接"认知片段,从而形成对外部事件的"意义建构"。转变意味着"框架"能够使人们转变注意力,从原来关注的事物转向关注其他事物,从而改变对特定事物的意

---

① 赵鼎新:《社会与政治运动讲义(第二版)》,社会科学文献出版社2012年版,第235—240页。
② David A. Snow & Robert D. Benford, Ideology, Frame Resonance, and Participant Mobilization, *International Social Movement Research*, Vol. 1, 1988, pp. 197-217.
③ Erving Goffman, *Frame Analysis*, Harvard University Press, 1974.
④ 冯仕政:《西方社会运动理论研究》,中国人民大学出版社2013年版,第210页。
⑤ David A. Snow et al., Frame Alignment Processes, Micro-mobilization, and Movement Participation, *American Sociological Review*, Vol. 51, No. 4, 1986, pp. 464-481.

义认知。① 因此,通过"框架建构",社会主体可以有效地塑造人们对现实世界的感知,进而影响他们的态度和行为。

"框架建构"是集体行动过程中组织动员的常用策略。为了更好地动员其他社会成员支持和参加集体行动,组织者必须通过有效的"框架建构"使人们明确问题、理解问题发生的原因并愿意采取集体行动解决问题。在社会运动动员的过程中,"框架建构"一般包括三个步骤:诊断、预期和"促动"行动。② 其中,"诊断性框架建构"是要告诉人们发生了什么问题、是谁造成了这一问题以及谁有资格作为这一问题的发言人。对于一个具体的社会现象,个体的感知不同、归因不同,会形成不同的认知。不同的社会个体因立场、阶层、价值观等方面的差异,会形成不同的社会感知和"问题化"结果。这种社会感知差异导致不同社会成员对于同一社会现象是否存在问题、什么原因导致了问题形成不同的认知结果。借助于"诊断性框架建构",特定的社会主体能够以"社会医生"的角色告诉人们他们所理解的问题是什么、什么原因引发了该问题。特定的社会主体借助于修辞、话语、媒体报道内容等手段可以影响并塑造人们对一个问题及其原因的认知。

三、文化框架与抗争话语

在集体行动的"框架建构"过程中,组织者还需要借助根植于特定文化背景中的规范、信念、标记、身份、故事等文化要素来进行社会动员。③

---

① David A. Snow, *Framing Processes, Ideology, and Discursive Fields*, in David A. Snow, Sarah A. Soule, & H. Kriesi(eds.), *The Blackwell Companion to Social Movement*, Blackwell Publishing, 2004, pp.380-412.

② David A. Snow & Robert D. Benford, Ideology, Frame Resonance, and Participant Mobilization, in B. Klandermans, H. Kreisi,& S. G. Tarrow(eds.), *From Structure to Action: Comparing Social Movement Research Across Culture*, Vol.1, JAI Press, 1988.

③ G. Williams & R. Williams, "All We Want is Equity": Rhetorical Framing in the Father's Rights Movement, in Joel Best(ed.), *Images of Issues: Typifying Contemporary Social Problems*, Aldine De Gruyter, 1995, pp.191-212.

第六章
自然灾害社会风险链的文化框架

"框架"源自于过去的经验,它的形成仰赖于社会和文化的影响,并受到人们社会生活经验的指导。① 如果集体行动的组织者运用的动员话语缺乏与民众生活和地区特征相契合的内容和理念,就不能激发共同情感和积累集体行动的能量。② 集体行动的组织者通过选择不同的标语、口号、符号、故事等文化要素,可以向潜在的支持者、旁观者和反对者表达不同的情感,阐明集体行动的合理性和必要性,以便形成社会支持和集体认同。③ 文化是一个工具箱或者话语的资源库,可以为集体行动的组织者提供众多的选择。集体行动的组织者可以根据抗争的目标、潜在目标群体选择合适的工具。组织者从"文化资源库"中提取什么样的工具、这种工具是否适用决定了他是否能够动员潜在的支持者和旁观者,形成有效的社会支持。④

通常,"文化资源库"提供了两种常用的资源:一种是符合社会主流价值观的要求,从而获得道义支持和合法性资源;另一种是社会弱势群体或者边缘群体的道义要求和价值,从而能够形成边界明确的群体身份,进而塑造出群体认同。无论选择哪一种文化资源,集体行动的组织者都必须运用"自然而且熟悉"的语言来表达他们的诉求、塑造他们的议题、影响潜在的社会支持者。⑤

"话语"在集体行动动员的过程特别是"框架建构"过程中起到了关

---

① 陈阳:《框架分析:一个亟待澄清的理论概念》,载《国际新闻界》2007 年第 4 期。
② 范斌、赵欣:《结构、组织与话语:社区动员的三维整合》,载《学术界》2012 年第 8 期。
③ Ryhs H. Williams, *The Cultural Contexts of Colletice Action*: *Constraints, Opportunities, and the Symbolic Life of Social Movements*, in David A. Snow, Sarah A. Soule, & H. Kriesi (eds.), *The Blackwell Companion to Social Movements*, Blackwell Publishing, 2004, pp. 91 - 115.
④ Ann Swilder, Culture in Action: Symbols and Strategies, *American Sociological Review*, Vol. 51, No. 2, 1986, pp. 273-286.
⑤ Williams Gamson & Andre Modigliani, Media Discourse and Public Opinion on Nuclear Power: A Constructionist Approach, *American Journal of Sociology*, Vol. 95, No. 1, 1989, pp. 1-37.

键性的作用。在社会科学领域,"话语"是一个语言学的概念,是客观存在的语言活动的成果。话语有三种存在方式:存在于书面语言中、存在于语言的电子载体中,以及存在于人的大脑中。随着语言学中关于"话语分析"的盛行,社会学家开始使用"话语"来揭示社会现象之间的关系。在社会互动和交往的过程中,话语不仅仅是社会行动者之间关系的表现形式,也是塑造集体行动形式的关键因素。通过话语,行动者可以"制造"或者"再造"社会事件的意义。话语传递了说话者想要表达的意图以及背后的观念和意识形态,成为集体行动动员的重要策略。集体行动的组织者通过话语、修辞和符号运用,可以将这种行动的道义性、合理性和合法性传递给潜在的追随者和旁观者。[①]

"话语"在中国民众的集体行动中扮演着重要的角色,塑造了不同的叙事框架。通常来说,不同的社会群体会结合自身的身份、所处情景和诉求寻求不同的"叙事",以证明集体行动的合理性、合法性。无论采取哪种话语框架,行动者往往都会借助于民众耳熟能详的词语、口号、故事,以及吸引人的图片、事发现场的表述等来强化有关"家"与"国"、"官"与"民"、"生"与"死"、"是"与"非"的文化认知,从而引发社会的"道德震撼"和"道义支持"。可以说,中国传统文化中的道德观念、家国观念、英雄故事所构成的"底层文化"为民众的抗争提供了充分的"语料库",成为民众在发起个体或集体抗争行动时最熟悉的"框架建构"手段。

---

① 刘杰:《框架建构、身份认同与激情政治:集体行动研究中的文化范式》,载《江海学刊》2017年第5期。

第二节
中国灾区民众的文化框架

在日常生活中,根植于中国情景和中国文化土壤的社会行动者往往会从"家/己"的核心诉求出发,运用传统文化和社会主义文化"资源库"中的话语,塑造自己的"故事框架"和选择抗争手段。在自然灾害背景下,民众由内而外、推己及人、依次扩张,将自我的个体苦难建构成普遍性的社会问题,使个人和群体表达不满合乎道义。而地方政府不但需要承担道德责任,还需要承受维稳压力,在道义、责任和压力之间疲于奔命。

一、国家与"我":庇护与依从

文化的生命力在于代代传承,进而塑造社会成员的价值观和行为模式。在这其中,个体与集体关系是一个永恒的命题。在封建时代,"天子建国、诸侯立家"成为社会政治体系的基本格局。天子通过同姓分封制度将族权扩展到统治疆域,再利用分封异姓诸侯与联姻所形成的血缘与姻亲网络巩固王权。在天子与诸侯之间,形成了以血缘和宗法为纽带的政治整合框架。在诸侯国内,再逐次分封,直到最基层。依靠血缘关系和政治承诺,"化家为国""移孝作忠",封建王权构建了稳定的政治统治体系。[①] "天子之于诸侯,诸侯之于大夫,犹大宗之于小宗也。此古代修身、齐家、治国、平天下,所以一以贯之也"[②]。这样,由个人到家、由家再到国形成了一个连续统:家国同构体系。在这一个家国同构体系中,

---

[①] 沈毅:《"家""国"关联的历史社会学分析——兼论"差序格局"的宏观建构》,载《社会学研究》2008年第6期。
[②] 吕思勉:《中国制度史》,上海教育出版社1985年版,第373页。

灾后风险与危机应对
结构·情感·文化

"公"与"私"是不分开的,也不是对立的,"公"是"私"的聚集和延伸,是"私"与"私"关系构建出来的"公"。①

家国同构的政治结构成为中国传统社会的根本政治形态和文化基础,在很长时间里支配了社会的权力分配格局和伦理规范。秦始皇统一中国后,首创郡县制,在全国范围内形成了治权的集中和统一。汉初,同姓分封和异姓分封制度曾经是中国政治权力分配的基本结构,但却给王权带来了巨大的挑战。汉代中期以后,在认识到分封制度的弊端后,君主逐渐削弱了同姓分封、异姓分封诸侯的实际权力,使官僚体系成为帝国统治的中枢系统。但是,同姓诸侯、异姓诸侯与官僚士大夫阶层总体上仍被纳入宗法秩序之中,从而形成了以宗法制为核心、族权与王权相重合的政治统治体系,即天子有"天下",诸侯有"国",大夫有"家",并通过嫡长子继承制与世卿世禄制来复制延续。自秦汉至隋唐,王权更多依赖于家国同构体系中的同姓宗族、外姓姻亲以及官僚士大夫阶层来巩固统治。但同姓宗族、外姓姻亲经常与官僚世家组成权力同盟,显示这种政治体系内部的不稳定性,王权试图通过制度创新特别是官僚阶层的平民化来削弱诸侯、官僚世家的政治实力。经过隋唐时期的改革,原来的基于血缘形成的分封制度逐渐过渡为君主领导下的官僚政治体系,治权逐渐从诸侯和世家大族中剥离出来,集中到君主领导下的官僚体系手中。迟至宋代,以血缘为纽带的"家国同构"的政治体系演化成了"王权"与"绅权"共治的结构。②

自宋代以来,代表国家的"王权"和代表社会的"绅权"共同塑造了传统中国的"双轨政治"。③ 官僚集团执行君主的法律和命令,提供全国性公共产品和服务;地方士绅则负责提供地方性的公共产品和服务,维护地方秩序。士绅是国家与乡村民众之间维持"双轨政治"的连接通道,

---

① 任军锋:《中国当代政治中的"公"与"私"》,载《二十一世纪》2013年2月号。
② 钱穆:《中国历代政治得失》,生活·读书·新知三联书店2012年版;吕思勉:《中国通史》,中华书局2015年版。
③ 费孝通:《中国绅士》,中国社会科学出版社2006年版,第46—56页。

第六章
自然灾害社会风险链的文化框架

起到平衡、制约王权的作用。通过儒家倡导的伦理价值观,政府、士绅和民众在政治上、利益上和文化上保持了一致性,从而实现了整个国家的有序合作治理。

无论是"家国同构"还是"王权与绅权"的共治体系,任何一个社会个体成员都"嵌入"在从个人、家庭、宗族、国家到天下的政治体系之中。这种政治体系不是以现代的"契约"关系来调节和规范不同主体之间的交往和联系,而是借助于礼法制度即伦理性的道德框架来维持等级、阶层、个体之间的权利与义务关系。在这种以礼法体系为核心的政治体系中,不同人之间既可能是血缘上的父子、兄弟等,又是君臣、上下级关系,融血缘与等级为一体,构造了复杂的礼仪秩序。人与人之间不是"公"与"私"的关系,而是被化约为"私人关系":君与臣之间、官与民之间、民与民之间,皆是相对的、情景化的私人伦理关系。① 在这种"私人化"的社会交往之中,传统上以宗法为核心形成的"差序伦理"嵌入社会生活的方方面面,伦理道德成为人与人之间关系的支配性法则。政治高度伦理化、私人化,形成礼法一体、公私不分的文化传统,并延续至今。

在这种家国同构、公私合一的政治体系和伦理规范中,"国"就是"公"的代表,"民"是"私"的化身。"公"既是"天下"秩序的象征,又是作为统治者的"王朝"和"家族"。因此,"公"既是天下公认的、抽象的伦理道德秩序,又是具体的、组织化的官府和官员。国家、作为国家具体化存在的政府和官员实际上是"天下"与"人"之间的"中介",他们必须遵循"天道"——儒家伦理规范体系。如果违反了"天道",民众可能会采取反抗行为。

现代国家建设冲击了"国"与"民"之间的连续统关系,将"国家"从天下体系中解构出来。在古代中国,在"国"与"民"之间,有"家"作为中介;在"家"与"天下"之间,有"国"作为中介。国家只是家国同构统一体中的一个中介角色,终极体系是天下,是天命支配的政治秩序,国家很难

---

① 许纪霖:《家国天下》,上海人民出版社2017年版,"序"第3页。

灾后风险与危机应对
结构·情感·文化

成为民众抗议的目标。但是,在现代国家建设的过程中,"国"被解放出来获得自主性,"民"也被解放出来成为拥有平等身份的公民。国家要确立自己的自主性必然寻求国民共识和实现现代国家建设目标,国家建设目标的实现必须不断强化国家意志和官僚执行体系。这一国家寻求自主性和现代化转型的进程都必须建立在对民众进行更有效的管理等基础上。

中国的现代化转型深刻改变了国家与民众的关系。但是,民众对传统文化的记忆并没有消退。对传统伦理道德秩序的文化认同以及近代以来的革命历史叙事使民众与国家之间产生了非常复杂的关系:一方面,民众认为国家对其负有"伦理责任",生老病死都与国家脱离不了关系;另一方面,无论是家国同构体系还是现代国家建设的革命历史叙事,都将"国家"视为一个诉求对象。国家承担了巨大的"道德责任"却没有稳定的"权威",使得国家经常遭遇道德责任困惑。对于国家来说,责任是"无限"的,手段却很少;而对于民众来说,国家许诺的安全与保障并不一定能完全实现。加之现实生活中种种问题,基层政府治理面临越来越复杂的状况和挑战。

在灾害情境下,灾难的破坏力造成灾民短时间内生活困顿,他们只能盼望政府能够帮助他们尽快摆脱苦难。由于国家为个体的社会成员提供了从升学、工作到生活和养老等方面的保障,灾民也相信在大灾大难面前,政府会救助他们,帮助他们渡过难关。这种对国家的信任和对政府救灾的期盼虽然起到了稳定人心的作用,但也使一些灾民产生了对政府的依赖心理。救灾、安置和重建被灾民"认定"为国家必须承担的责任,相信国家一定会及时救助灾民,于是"等、靠、要"成为一些灾民的心态。如果等待时间过长,一些灾民的不安和焦虑就会转化为愤怒,信任和期盼也会转化为怨恨。最后一些灾民会将自己的困境归因于基层政府,将其困境建构成基层政府的政治执行问题。借助于对国家的信任和期待,灾民建构了要求国家救助的道义性和正当性;也正是灾民的信任

第六章
自然灾害社会风险链的文化框架

与期待,执行救灾政策的基层政府一旦处置不力,就会引发灾民怨恨的情绪。

二、"不患寡而患不均":平均主义的想象

平均主义思想在中国历史上和现实中都具有重要社会影响。平均主义的思想在中国具有较长的历史渊源,有学者认为最早可以追溯到孔子在《论语》中提出的"不患寡而患不均,不患贫而患不安"的说法。当时,鲁国大夫季氏封地为费,季氏想攻打颛臾(在费附近),孔子的学生冉有和季路要辅佐季氏攻打颛臾。孔子意图劝阻他们不要辅佐季氏攻打颛臾,冉有争辩说颛臾会威胁到费地季氏子孙的安全问题。孔子反驳冉有说:"丘也闻有国有家者,不患寡而患不均,不患贫而患不安。盖均无贫,和无寡,安无倾。夫如是,故远人不服,则修文德以来之。既来之,则安之。"[1]对于这段话,有学者作出了不同解释:孔子的原意是一个国家不应该担心国土的大小、人民的多少,而应该更加注重政治上的"均平";不应该担心国家有没有财富、人民是否贫困,而更应该关注君臣之间礼法的混乱可能带来的问题。孔子借助于这段话表明季氏攻打颛臾毫无理由,他大权在握,藐视鲁国国君,逞私欲吞并颛臾,才是鲁国的大患。[2]

不过,从"各得其分"到后世的"均贫富",孔子倡导的儒家的礼法秩序被转换成了后世经学家、政治家口中的"平均主义",形成"均平"思想的再造。后世的学者和民众将"不患寡而患不均,不患贫而患不安"简化为财富上的"均平"思想,成为历代治国理政甚至是防范社会矛盾的基本统治规则和戒条。

除了中国传统文化上的"平均主义"思想塑造了民众的观念和行为外,社会主义革命和建设实践也为民众带来了"平均主义"观念。社会主义者认为,社会成员对生产资料占有的不平等是一切剥削的根源。正是

---

[1] 《论语·季氏》。
[2] 李振宏:《"不患寡而患不均"的解说》,载《二十一世纪》2005 年 6 月号。

灾后风险与危机应对
结构·情感·文化

由于对生产资料占有的不平等，社会分裂为两大对立的阶级，并形成了一个阶级对另一个阶级的经济剥削和政治压迫。要消除阶级剥削和压迫，必须从根本上消灭私有制、消除生产资料占有的不平等，通过共同占有生产资料、共同享有劳动果实来实现人类社会的平等。因此，共同占有生产资料、公平分配就成为社会主义社会的基本法则。从最早的空想社会主义到科学社会主义都在不断地追求如何实现社会平等和公平分配。然而，"平均主义"不利于明确产权边界，强化了社会个体的财富想象，容易诱发集体"搭便车"行为，导致社会生产的积极性降低。

在自然灾害情境下，救灾物资怎么分发非常困扰基层干部。一般来说，轻灾救重灾，救济物资应优先向受灾严重、生活确实困难的人倾斜。但是，要实现"道义上的公平"并不是一件容易的事。村里家长里短，恩恩怨怨，你分给一个受灾重的人家，碰巧可能就是你的族人；你没有分给救灾物资的轻灾户，碰巧就和你产生过口角。为了避免可能出现的争端，最好还是保证人人权利上的平等，所以平等分配似乎成了最好的选择。于是，村干部就把所有的物品大致估价，50 户人家就平均分成 50 堆，编号抽签，各凭运气。但是，结果很可能抽中的并不是个人最需要的物品。

汶川地震后，某市针对地震中受损的房屋，拟结合受损程度和维修实际需要按 200—1000 元的标准给予受灾村民维修补助。只要村民申报、村民小组评议、政府审批后就可以直接拨付现金，由村民自行购买物料维修。但是，灾后维修需求太大，一时间导致瓦片、水泥、钢筋等建筑材料价格大涨，原定的标准根本不够。于是政府决定提高补助标准，将受灾房屋维修补助提高到 1000—5000 元。对此，有村民提出了不同意见。因为按照原来的分配方案，张家得了 200 元，李家得了 1000 元，两者之间相差就只是 800 元，不影响大致的公平与平等。但根据新的方案，张家得了 1000 元，而李家得了 5000 元，两家相差了 4000 元。800 元的差距让人没有什么不平等、不公正的感觉，可是 4000 元的差距对于遭受灾难的民众来说还是一大笔钱,由此引发了大量的抱怨。①

基于历史文化记忆和社会主义实践,民众对"平均主义"有非常丰富的想象。民众将"平等"等同于"平均"带来了两种结果:一是民众之间形成了盲目的攀比的心态;二是一定程度上形成了"无政府主义"观念。其中,第一种使得民众"宁寡而均",强调一种形式上的权利平等,而不关注事实上"结果的不平等"。同时,这种"宁寡而均"的观念与特定的"差序格局"相联系,往往将"不均"与社会结构中的血缘、姻亲、朋友等社会关系网络联系起来,从而滋生对公权力的不满情绪。在"平均主义"观念的支配下,民众容易将自己的苦难与不公平感联系起来,从而诱发抗拒、怨恨情绪,为个人间、群体间以及个人与国家间的冲突埋下了隐患。可以说,民众的"平均主义"幻想是我们理解他们的抗争行为,尤其是理解灾民抗争行为的"文化密钥"。

三、"自我矮化":灾民的弱势与强势

矮化(或称为"贬低""贬损")是一种心理学上常见的现象,即社会个体通过有意识地降低或者贬损自己或者他人的地位、形象来缓解压力、规避冲突。矮化既可以是一个个体对自己的地位、形象有意识地降低和贬损,形成一种"自我矮化"的心理过程,也可以是社会个体成员通过贴标签、命名、称呼、口号等手段有意识地贬损他人的人格、地位和形象,从而形成支配—服从的社会交往结构。矮化心理通常发生在一个"弱者"与"强者"的不对称结构中,"弱者"往往会在潜意识地降低自己的人格,暗示自己不如"强者"的地方,从而形成对他人的屈从。矮化心理本质上是一种社会个体自我标签化、自我设障的方式,以此来拉低期望和舒缓压力。在社会交往中,社会个体成员有时会借助姿态的降低、声望的贬损以及形式上的"自卑"将社会结构中的不平等显现出来,并借

---

① 郑世平:《大地呻吟》,南方家园出版社2013年版,第136—137页。

灾后风险与危机应对
结构·情感·文化

助于心理认同强化这种不平等。

在社会权力的不对称结构中,"自我矮化"通常是"弱者"在"强者"面前寻求身份认同和保护的常用策略。"弱者"的"自我矮化"通常有三种形式:身份的定义、情景的定义以及极端的行为。"身份"是"弱者""自我矮化"的重要手段;通过对自我身份的定义,确认了自己在不对称的权力结构中的位置,并承认这种不平衡、不对称的权力分配结构。例如,网络上一些青年人以"草根"等来确认自己的底层身份,从而表明在政治权力、经济体系、财富分配等方面的"弱势"地位,突出诉求的道德正义性。社会个体"自我矮化"的第二种形式是通过情景的定义,如"比惨"来揭示自己身份和行为的道义性。一个经典的例子是在周星驰主演的电影《唐伯虎点秋香》中,两位想进入太师府中做家丁,以便接近秋香的江南士子分别通过展示家庭悲惨、与动物"称兄道弟"、自残等来获取管家的怜悯和关照。这种通过情景定义的"比惨"策略往往能够将自己置于"弱者"的形象之中,从而获取"强者"的同情、怜悯和恩惠,以实现个体物质或者精神诉求。诉苦和"比惨"已经成为中国当代"底层文学"叙事的习惯。[①]"自我矮化"的第三种形式是通过极端行为来贬损自我人格。例如,有些社会个体成员在表达诉求时会通过自残等极端行为来展示自己的决心和怨愤。通常民众会综合利用身份的定义、情景的定义以及极端的行为来"矮化"自我人格,以便获取道义上的正当性和社会支持。

同情弱者可以说是人的天性,也是表现自己品德的手段。在自然灾害情境中,灾民通过诉说悲惨的遭遇、展示痛苦的情感、指责缺乏同情心的繁文缛节往往能获得广泛的情感共鸣。在中国的"弱者文化"中,民众表达不满时如与孩子、老人、女性等社会角色结合起来,无论诉求如何,一般都具有了某种道义性。在灾害背景下,当涉及老人、妇女、青少年参

---

① 李静:《刺猬札记:一个爱智者的文化漫谈》,秀威资讯科技股份有限公司2009年版,第292页。

与的抗争活动时,地方政府往往会特别谨慎地应对,以避免形成广泛的道德谴责和伦理压力。

第三节
文化框架对灾区民众集体行动的塑造功能

文化是具有生命力的意识形态系统。文化不仅决定了一个社会成员的观念、语言、价值标准,还决定了他的行为方式。

一、文化冲突:地方习俗与秩序追求的内在张力

文化是社会过程的精神反映,也会对社会过程施加重要的影响。文化不仅仅塑造了社会成员之间的关系和交往行为,还会引发社会成员、群体之间的冲突。通常,文化冲突是指一种文化由一个阶段发展到另一个阶段,或者两种文化之间相互接触时,因价值观念、思维方式、行为规范的不同所引发的排斥、对立现象。① 文化冲突既可以存在于群体与群体之间,也可以存在于不同的社会个体之间,如因价值观、道德、信仰等引发的个体之间的紧张与对立。在社会宏观层次上,文化之间的冲突最典型的莫过于"文明的冲突"。亨廷顿(Samuel Phillips Huntington)认为21世纪全球政治主要的、最危险的方面将是不同文明集团之间的冲突,它会引起人们的各种反应:新奇、义愤、恐惧和困惑。② 在中国,不同年龄群体的社会成员之间存在一定的文化差别,不同的地域之间也有重要的文化差别。③ 在日常生活中,习俗、信仰、生活中的仪式的差别往往表现

---

① 李庆霞:《社会转型中的文化冲突》,黑龙江人民出版社2004年版。
② 〔美〕亨廷顿:《文明的冲突与世界秩序的重建(修订版)》,周琪等译,新华出版社2010年版,"前言"第1—5页。
③ 〔美〕杨庆堃:《中国社会中的宗教(修订版)》,范丽珠译,四川人民出版社2016年版,第19—40页。

灾后风险与危机应对
结构·情感·文化

了不同地域、不同阶层的社会成员之间文化的不一致性和认知冲突。① 面对文化差异与文化冲突,社会成员在努力实现"文化适应"的同时也要面对文化差异引发的种种紧张和压力。

文化既可以提供"行动资源",又可以引发社会冲突。习俗是文化的重要组成成分,是社会生活的重要内容。习俗既可以发挥社会控制的作用,又可以诱发社会冲突。在现实中,社会中的一些矛盾和冲突是因为习俗不同,或者习俗得不到尊重而引起的。在儒家伦理文化中,葬礼是一个重要的社会仪式,体现了儒家的"孝道"。孝道与"泛灵意识"、祖先崇拜相结合,使得丧葬仪式成为体现人伦秩序和血缘亲情的重要社会活动。尽管各地丧葬仪式经历很多变迁,存在明显的区域差异性,但是基本的环节比较稳定,诸如入殓、成服、出殡、下葬都有严格遵循的仪式。在重要的日期,如祭日、重要的节日,后代还应该借助于"纸货"来与去世的亲人建立联系,这也是丧葬文化和儒家文化的重要内容。② 在无灾的情境下,一个亡者去世后的"丧葬仪式"必须有条不紊地进行,具有敬畏感和神秘感,类似于格尔茨(Clifford Geertz)所言的"文化剧场"。③ 在灾害情境下,这些丧葬文化、祭祀文化所包含的习俗和仪式,特别是地方性文化所塑造的各种有关生与死的习俗和仪式,可能会与政府救灾的管理过程发生冲突,进而引发灾民对现代政府管理体系的反感。

现代政府管理的程序化和非人格化是一个普遍现象,常常与多元的地方文化传统发生冲突。在救灾的过程中,作为救灾主体的地方政府是一套组织体系,资源的配置、事情的处理都必须按照法律和制度的规定来实施。任何一个管理体系的成员都必须抑制个人情感在履行职责中的作用,严格按照法律规定的程序、标准和要求进行救灾、安置和重建。但是,灾民不是"现代组织系统"中的人,而是一个个分散的个体,他们更

---

① 杨宝琰、万明钢:《乡村中学生基督徒的文化冲突与文化适应》,载《社会》2011年第4期。
② 李建宗:《仪式与意识:对丧葬的解析》,载《文化学刊》2008年第2期。
③ 〔美〕格尔茨:《文化的解释》,韩莉译,译林出版社2014年版,第107页。

第六章
自然灾害社会风险链的文化框架

多嵌入家庭、家族,"人情伦理"是他们的基本准则。这种现代政府管理体系的"非人格化"与灾害情境下灾民的"人情伦理"之间比较难找到一个平衡点。可以说,灾民需求的多元化、情绪体验的复杂化与现代政府管理体系的程序、规则、文书档案管理之间容易产生冲突。

二、灾民文化对灾民心理和行为的影响

通过诉苦技术形成的身份建构为灾区民众提供了"标签",使其身份具有了特殊的意义。一旦民众将身份建构为"灾民",就将自己视为"弱者"。"弱者"身份的确立为灾区民众提供了获取关心、帮助和支持的"合法理由",进而将这种"外部帮助"视为"弱者"的权利。灾区民众通过"自我标签化"形成的灾民身份到"有权得到关心、帮助和支持"的心理变化,形成了特定的"灾民文化"。①所谓灾民文化,是指普通民众在遭受灾害冲击的情况下所形成的特有的认知和行为模式。灾民文化与社会成员的文化体系具有一致性,又有独特性。一方面,社会成员文化体系中的观念、价值标准、习俗等会对灾害背景下的个体文化认知和行为模式产生影响,灾民文化是社会整体性文化模式的一个构成部分;另一方面,灾民文化又是特定情境下的文化模式,是社会个体在极端不安全情境下产生的心理应激反应的内在表现,与日常生活中的认知体系和行为模式存在明显的区别。

灾民文化的第一个表现是一些灾民的自我"弱势化",从而可以使自己的"诉求"获得道义支持。无论在灾前是贫是富、受灾是轻还是重,一些灾区民众都将自己的身份定位于"灾民"。拥有了这一身份,就有了获取社会同情、得到政府和社会救助的权利。特别是"灾民"身份所蕴含的道德意义,使得一些灾民在获取政府救助物资和发泄不满情绪时,处于道德的制高点上。"我们是灾民,我们提这点要求怎么了?"诸如这样预

---

① 张昱:《灾民文化与社会工作的介入》,载《社会》2009 年第 3 期。

灾后风险与危机应对
结构·情感·文化

设道德立场的话语往往使得承担救灾和重建工作的地方政府无法从"道义"上反对灾民提出的诉求,而是想尽一切办法满足他们的诉求。

　　灾民文化的第二个表现是一些灾民形成了"等、靠、要"的心理。在灾害情境下,等救援、靠政府、要救助是一些灾民的心理状态。灾害具有突发性,在缺乏足够的心理预期同时又遭受巨大的损失和伤害的情境下,任何一个个体都可能会出现严重的"心理创伤"。一些遭受灾害的民众会表现出消极等待、茫然无措的状态。以汶川地震为例,8.0级的大地震使很多灾区民众形成了惊恐、焦虑的心理和情绪。在救灾的过程中,民众对未来没有安全预期,对未来的生活也缺乏目标。在没有找到未来和目标的情况下,遭受灾害损伤的个体极容易产生心理应激反应:我能做什么?我什么也做不了!这种精神状态会快速削弱社会个体对自我的认识和肯定,从而形成了"依赖"外部救援的心理。等待政府和社会来救援,靠政府帮助来恢复生活,要住房、要物资、要工作、要未来、要保障就成为一些灾区民众经常提出的救灾诉求。这种"等、靠、要"的心理既与传统文化对政府角色的认知有关系,也与政府救灾宣传引导有关系。灾区民众"等、靠、要"的心理将救灾的希望和责任"外部化",一旦预期与现实之间存在较大的差距,则会诱发民众的不满和怨恨情绪。

　　灾民文化的第三个表现是容易引发极端化的情绪,尤其是缺乏对生命的尊重。严重的灾害会摧毁民众的生产生活秩序和价值体系,导致他们产生极端化情绪。一些灾民表现出明显地不信任任何人、不信任政府的心理,对救灾物资的分发、重建过程等事项持有高度怀疑,认为一定存在不公平等问题。在自然灾害的冲击下,人们的生产生活突然中断,灾民遭受的精神创伤使他们深陷负面情绪中而不能解脱,逐渐导致心理失衡,甚至产生悲观厌世和仇视社会的情绪。一些灾民认为自己"死里逃生""什么都没有了","死都死过一次了",也就"什么都不在乎了",一点小小的琐事可能就会引发极端暴力行为。

　　灾民文化既是一种突发情景下的传统文化认知中断和突变,又是传

第六章
自然灾害社会风险链的文化框架

统文化对个体行为塑造的结果。中国的文化传统是强调"家"与"国"的集体意识,突出了个体对集体的服从和对权力的依赖,忽视了作为个体的人格独立与自尊。中华人民共和国成立后,"强国家—弱社会"的总体结构并没有改变个体与国家之间的关系,民众将自己对国家的服从建立在国家对社会个体福祉的承诺之上。更重要的是,在"强国家—弱社会"的基本关系结构支配下,由于没有发育充分的社会组织作为中介,灾难救助只能依赖国家体系来完成。一方面,国家被认为是"终极保护人",应该履行对民众的安全承诺;另一方面,民众的苦难又可能被视为国家未能有效履职尽责的结果。在国家与灾民直接互动的过程中,灾害应激反应导致的灾民自我弱势化、情绪化、极端化,会引发部分灾民的非理性行为,进而影响基层政府的有效管理。可以说,灾民文化塑造了灾害情境下基层政府与民众之间的关系认知与社会互动行为,也蕴含了冲突的可能性。

第七章
灾害社会风险链与风险管理

第一节
灾害情境下社会风险链的生成逻辑

一、家国同构体系塑造的民众心理结构

现代国家构建的过程就是明确国家与民众之间关系的过程。随着个人理性主义的扩张，个体形成了自己是谁、国家是谁、个人与国家是什么关系、如何使国家成为公共利益的捍卫者、如何与其他的社会成员合作等认知，逐渐在个体理性和集体理性的基础上建构了现代公民意识。这实际是社会成员摆脱前现代"依附"体系后形成"自我人格"的过程。在这一过程中，民众学会以理性和规范化的制度来处理各种利益纠纷和冲突，并使社会交往过程呈现出更多的合作和协商、更具有可预期性和制度化。

长期以来，中国的民众与国家处在一个连续统的体系之中。代表公共领域的国家与代表私人领域的个人之间并不存在像西方现代国家转型后所形成的国家与社会的清晰边界。在家国同构体系下，"公"与"私"不是对立关系，而是一种基于伦理规范所形成的"庇护与服从"体系。

传统家国同构体系下所形成的个体与个体之间、个体与国家之间"伦理化"的关系，很大程度上决定了民众在社会实践中的情感体验与行动意向。在日常生活中，民众与其他社会成员之间交往时，"差序格局"决定了由亲到疏的社会个体之间不同的情感，进而也就决定了他们之间不同的交往规则。

二、自然灾害社会风险链的生成结构

灾害不仅仅解开了自然恐怖的"面纱",还破坏了社会控制体系。在灾害情景下,生存占据主导地位,所有的认知、态度和行为都聚集于"怎么活下去"。"生存理性"在观念和行为上塑造了灾区部分民众的"非理性",进而形成了情感性的社会框架。在"生存理性"的支配下,部分民众对于自己是谁、想要什么形成了特定的表达和抗争行为。

1. 我是谁？——灾民身份建构

"身份"具有政治意义。身份决定了一个社会成员在社会结构中的位置,也决定了他在与其他社会成员交往时相互之间的认知、评价与行为。但是,在社会系统中处于什么位置并不完全取决于生产关系决定的阶级位置,而是社会成员基于自身地位的主观认知或者他人对其社会地位的外部定义。从社会成员"身份建构"的过程来看,当一个个体对自我的认知和其他人对他的认知相统一时,"身份建构"就能够获得普遍的认可,拥有社会共识的"身份"使社会个体或者其他人都会接受这个身份所"嵌入"的社会结构及身份隐含的权利和意义;当社会成员对自我的认知与其他人对他的认知不一致时,"身份建构"本身就会引发社会成员之间的紧张,进而对身份"嵌入"的社会结构及其权利安排展开竞争和对抗。

在灾害背景下,民众往往通过"诉苦"和"问题化"进行身份建构,将自然"外部风险"转化成社会的"内部风险"。从灾害的发生过程来看,灾害是自然系统作用于社会系统后引发的破坏性后果。灾民作为风险的承受者,处在被动者的地位。但是,通过"诉苦"和"问题化",他们可以将灾害由外部风险(自然风险)转化为内部问题(社会问题)。"诉苦"不仅仅是灾民的情绪表达手段,还是灾民构建社会问题的手段。与日常生活中的"诉苦"不同,灾民的"诉苦"更容易与特定的社会结构相联系,将隐藏在日常生活中的社会问题揭示出来。"诉苦"和"问题化"过程本

第七章
灾害社会风险链与风险管理

身就是灾民对所遭受的苦难经历进行"归因"和"归责"的过程。

"灾民"的身份建构一经形成，就会激发广泛的社会同情和支持。这种基于同情、怜悯所形成的外部援助和社会支持体系又客观上强化了部分灾民对自我身份的认同，进而强化了部分灾民心中的期盼、等待、焦虑、失望、不满、怨恨等情绪。特别是当外部的援助和支持与部分灾民自我身份定位所带来的"预期"有较大的差距时，"负反馈"会强化他们的不满情绪，进而形成与社会结构、外部世界之间的紧张和对立。

2. 情感的集聚与扩散——灾民行动意向的生产

情感是社会个体成员在社会实践过程的主观体验，并塑造了社会个体成员与他人之间、社会个体成员与社会结构之间的互动关系。情感产生于社会交往过程，最终又会对社会交往过程产生影响。在个体走向集体的过程中，情感发挥着唤醒社会道德框架的作用。经过诉苦、与他人面对面的沟通、社会交往网络扩展的过程，灾民的悲伤、无助等个体情绪会激发社会其他成员强烈的情感共鸣和支持。情感也是社会个体走向群体联合的"黏合剂"：通过共同的情感体验，灾民与灾民之间容易建立群体认同，共同情感强化了群体认同，群体成员之间实现了共享生活体验、共享情感和拥有共同身份认同。在灾民由个体走向群体联合的过程中，情感替代了社会网络、利益，成为群体形成和群体团结的关键因素。

灾民的情感体验可以分成两类：第一类是基于个体遭遇形成的悲伤、无助和迷茫，主要是自然灾害诱发个体心理应激反应所导致的负面情绪。这些情绪的积累会给个体带来严重的心理创伤和压力，导致个体的悲观、消极心理，进而会引发针对自我或者他人的极端行为。灾民个体的情绪体验是灾害发生后"第一时间"心理应激障碍的体现，这些个体化的情绪体验会影响灾民的个体行为。第二类是具有社会行动意义的集体情感，包括不公平感、不满意和对腐败的痛恨。灾民的"集体情感"往往与社会结构要素特别是救灾政策过程有关系。在灾害发生后，灾区很快开展救灾、安置和重建工作。随着自然灾害的破坏性逐渐消失,灾民日常生活中更多直接与政府的救灾资源分配、灾民安置以及灾区重建工作有关。在这一过程中,由于结构性因素导致的不公平感会显性化,如城乡二元结构、户籍政策导致的差异等问题会引发部分灾民对救灾政策公平性的质疑。在救灾过程中,政策执行的时效性、灵活性以及对灾民多元化需求的回应不足也会诱发部分灾民的不满意感,导致部分灾民对基层救灾政策执行主体的批评和指责。另外,腐败感知和腐败传说也使得部分灾民对救灾、安置和重建中腐败行为的容忍度大大降低。不公平感、不满意感、对腐败的痛恨具有普遍性,在互动和交往中会凝聚成集体情感体验。特别是随着灾后重建工作的延续,部分灾民现实生活中的困境并没有消失,当预期未能完全实现时,部分灾民的情感体验会呈现"弥漫性",成为集体行动发生的社会心理基础。

在"弥漫性"情绪的支持下,部分灾民会强化自我身份认同和"问题化"结果的正当性,从而将自身的苦难归责于地方政府和政策。现代应急管理体系强调的效率建立在指挥集中、规则统一的原则之上,即使到了政策执行的末端,变通执行、灵活执行的空间也是有限的。在"弥漫性"社会情绪的强化下,灾民个体遭遇的困境被"扩大化"成集体问题、社会问题,进而归因于政策执行主体。在归因和归责的过程中,部分灾民会借助于对政策体系和政策执行主体的"层级责任分割"机制,将群体的期望、感激、肯定向政策体系的顶端表达,而将集体体验的不公、不满、愤怒、怨恨等消极情绪向政策执行主体"宣泄"。

3. 结构、情感、文化框架下的灾区社会风险链

灾害不仅仅展示了自然的破坏力,也揭开了社会结构中的紧张与冲突。如前所述,中国的社会形态塑造了民众与国家之间的基本关系,为受灾民众的"身份建构"提供了激励性因素。灾区民众借助于"诉苦"和"问题化"策略,将自己定义为"灾民",并可能将自己遭受的"苦难"与一

定的社会结构要素相联系,包括政府救助和权利救济体系、户籍身份等。这种结构性因素造成了日常生活中积累的社会问题被"灾害"显性化,并在外部归因和归责的过程中,被部分灾民建构成需要采取行动来解决的社会问题,成为政府议程。

"身份"不仅体现了灾民在社会过程中的地位,也是灾民情感的外在表现。灾害不仅仅带来个体应激心理障碍,引发悲伤、无助、伤心、绝望、攀比、怨恨等个体情绪,而且还会在社会成员之间建立群体认同和群体意识。灾害催生的情感在群体认同形成的过程中发挥了"黏合剂"的作用。特别是灾害过后,部分灾民长时间没有摆脱困境和心理创伤,会逐渐引发以政策执行主体为情感对象的"弥漫性"情绪。可以说,在灾害诱发社会不稳定事件的过程中,情绪发挥了"负反馈"的作用,容易使灾民群体与基层政府产生冲突。

中国的文化传统和社会主义实践塑造了灾民与国家的关系。借助于传统的文化框架,一些灾民不仅凸显了自己经济和政治地位上的"弱势",还强调了道义上的"强势"。文化传统不仅塑造了灾民抗争的框架和策略,还塑造了灾民的心理。"等、靠、要"的观念导致部分灾民缺乏自我人格,将摆脱困境的希望寄托于外部援助,从而引发了预期与现实之间的紧张。部分灾民缺乏自我人格,也使得灾区社会的人际关系丧失了平等社会主体之间对话、沟通和协商的空间,激化了生存空间竞争环境下人与人之间的冲突。少数灾民内心的"失序"最终演化为群体性的道德退化,将社会暴露在更大的风险之中。

第二节
自然灾害社会风险链的管理对策

灾害诱发的社会不稳定事件增加了地方政府灾害管理成本,导致灾

灾后风险与危机应对
结构·情感·文化

后恢复和重建工作充满了复杂性、不确定性。这些不稳定事件影响了灾区生产、生活秩序的恢复，延迟了各项救灾、安置和重建政策的时效，削弱了基层政府的权威，弱化了灾区民众的安全预期。维护灾区社会稳定，尽快使灾区民众恢复有序生产生活是灾害管理的核心目标。在救灾、安置和重建的过程中，应该统筹考虑从预期管理、生活管理、宣传管理和社会稳定管理四个方面着手，缓解灾区民众的心理创伤，疏导灾区民众的情绪，为灾后恢复和重建创造一个安全、稳定、有序的环境。

一、预:妥善管理灾民救助预期

党的十九大报告指出:"坚守底线、突出重点、完善制度、引导预期，完善公共服务体系，保障群众基本生活，不断满足人民日益增长的美好生活需要，不断促进社会公平正义，形成有效的社会治理、良好的社会秩序，使人民获得感、幸福感、安全感更加充实、更有保障、更可持续。"[①]预期是社会成员利用获得的信息，根据自己的经验，对个体或者社会未来发展态势所作出的判断。社会预期既是个体成员对社会客观现实的反映，同时又会对社会现实产生能动的影响。良性预期能够为社会成员提供信心，消除其对未来的不确定感和恐慌心理，避免非理性的行为；相反，不良预期将会诱发个体和社会的负面情绪，引发社会成员之间的紧张，甚至诱发社会冲突。加强预期管理，引导社会成员对未来发展的判断，树立对未来的信心已经成为当前社会治理创新的重要突破点。

进行灾害管理，需要加强对灾区民众的预期管理。灾害发生后，社会基本的生产和生活秩序突然中断，会给民众带来巨大的心理创伤，严重削弱民众对自身价值的认定和对未来的信心。在灾难打击之下，灾区民众往往呈现出悲伤、无助、怀疑、绝望、厌世等个体化的消极情绪。这

---

① 《习近平:决胜全面建成小康社会 夺取新时代中国特色社会主义伟大胜利——在中国共产党第十九次全国代表大会上的报告》，http://www.gov.cn/zhuanti/2017-10/27/content_5234876.htm，2020年8月10日访问。

第七章
灾害社会风险链与风险管理

些消极情绪作为民众心理应激反应的表现,既可能诱发个体的极端行为,也会诱发社会"弥漫性负面情绪",呈现集体消极心理。无论灾区个体成员还是灾民集体呈现的消极心理,都会形成对未来生活和安全的不良预期,最终影响灾后恢复和重建工作。因此,灾害管理尤其是灾后救灾、安置和重建工作,应该重视灾区民众的预期管理,防止不良预期的形成和扩散,增强民众对自我能力、政府能力的理性认识,对未来充满信心。

1. 注重灾害信息对称管理

信息是社会预期形成的基础和载体,直接关系到民众如何认识社会现实和形成对未来的判断。灾害发生后,灾区民众获取什么样的信息决定了他们形成什么样的预期。在灾害信息沟通和传播上,应该坚持信息"对称管理":一方面,政府、社会媒体应该向民众及时提供有关灾害的信息,让民众及时了解灾害的真实情况,对于灾害对生产、生活带来的破坏,以及可能持续的时间有一个客观、全面的了解,对未来一段时间灾害发生的趋势、后续的可能性有一个基本的判断,既不能夸大灾情引发民众的恐慌,也不能缩小灾情,导致民众轻视灾情、准备不足;另一方面,政府、社会媒体应该及时向灾区民众传达有关救灾政策、采取的救灾行动、救灾行动面临的难题等信息,让民众看到国家、社会对灾区的关爱和实际帮助,了解救灾工作的客观困难和制约因素,既不能让民众灰心丧气、缺乏信心,又不能夸大外部救援能力,导致民众期望过高。通过"信息对称管理",使生活在灾区的民众能全面了解灾害情况与未来发展的趋势,从而形成理性的认识和判断,既不夸大灾情,也不忽视可能面临的困难,有助于防止民众出现"高预期、高落差、高不满意度"的情绪反应。

2. 树立个人和集体是救灾第一责任人意识

正确引导灾区民众对救灾、安置、重建过程中个人角色、政府角色和社会外部援助之间关系的认识,树立"依赖个人、依靠集体,再辅之以必要的政府和社会救助"的思想。在中国救灾史上,历朝历代都强调个人和集体在救灾中的首要责任。清朝陆增禹在《钦定康济录》中就说:"唯以本乡所出,积于本乡,以百姓所余,散于百姓,则村村有储,家家有蓄,缓急有赖,周济无穷。"早在中华人民共和国成立之初,中国在救灾政策上就坚持个人和集体自救为主,辅之以必要的政府救济和社会救助的基本原则。但是,由于受到传统文化的影响,再加上政策宣示过程中过多强调政府责任的问题,导致灾区民众存在依赖政府、依靠社会救济和救助的思想,忽视了个人和集体在救灾、安置和重建中的作用。在灾害预期管理上,政府应该积极引导灾区民众树立个人自救、集体互助的观念,区分好基本生活安置与灾后恢复和发展的不同。政府和外部社会救助重点应该放在灾后短时间内的生活困难问题,重在解决灾民受灾后短时间内的衣食住行医五个方面的问题;在恢复和重建方面,政府只能通过政策来给予支持,个人和集体应该是灾区恢复和重建工作的主体。灾害管理不能"本末倒置",将灾区的恢复和重建工作放在政府和社会的"救助"上,反而弱化了个人和集体的责任。

3. 综合运用多种手段避免不良预期的传导和扩散

灾害发生后,灾区民众的生产和生活在短时间内出现突然"断裂",原来维系社会活动、社会关系的纽带突然受到破坏,很容易引发个体的负面情绪。这种负面情绪会通过社会交往和互动过程形成"弥漫性负面情绪",严重影响灾区民众对自我价值的认同、对未来发展的信心。在负面情绪引发的压力下,一些社会个体成员会产生消极厌世的想法,甚至可能采取一些极端行为,危害自身安全和社会安全。灾区的社会负面情绪具有社会感染性,不及时干预,可能引发更多的极端行为和消极行为。在灾后管理中,政府应该重点关注社会情绪疏导的问题,特别是通过深入基层社会的各类救灾组织网络,对那些家庭遭受巨大损失、生活陷入绝境、精神创伤严重的个体主动提供心理服务和社会支持,避免极端事

第七章
灾害社会风险链与风险管理

件的发生。基层政府和社区也应该在社区、村庄、居民安置点组织体育活动、文艺活动等团队活动,帮助民众重新形成共同体意识,避免个体的孤独感、疏离感和无助感。

二、安:做好灾民基本生活救助

灾害最集中的后果是社会生产、生活秩序的突然中断,从而诱发社会秩序的混乱。因此,灾害管理中的"安民"是救灾第一要务。中国灾害管理的历史经验表明,如何能够安顿好灾区民众、让他们免于饥寒是救灾的首要问题,也是维护社会稳定的基本方略。"要必禁谕有术,招抚有方,寄食有备,瞻葬有道,挪妻捐子,录育有宜,不愿复业,许令附籍,思返故乡,资给路费。"[①]一切救灾工作特别是政府和社会的救助工作的重点应该在"安民",即保障灾区民众基本的生活需要,避免灾区民众流离失所,引发社会不稳定事件。

1. 救灾物资和资金发放坚持公开、分散的原则

政府救灾应该注重以基本生活救助为主,通过物资发放或者资金发放解决灾区民众短时间内面临的生活困难。在对灾区民众进行救助的过程中,政府不应该作为救助的唯一责任主体,而应该积极发挥社会组织和自治组织的作用,避免因物资发放不及时、不公平等问题引发针对基层政府的不满和抱怨。历史经验表明,发放救灾物资时强调"公"和"散"的原则能够降低社会风险。"公"强调任何救灾物资的发放应该按照公开的原则,而不是"平均"发放;"散"强调救灾物资的发放应该贴近基层、方便灾民,而不是集中于政府手中。清朝彭绍升撰写的《二林居集》指出:"赈济之法,莫善于公,莫不善于聚。县各为赈,勿聚于府;乡各为赈,勿聚于城;人各为赈,勿委于吏。"灾后安民的过程中,坚持"公"和

---

① 杨景仁编:《筹济编》,载李文海、夏明安主编:《中国荒政全书(第二辑·第四卷)》,北京古籍出版社2004年版,第46页。

"散",能够最大化地降低灾民的不公平感和怀疑主义,减少针对政府和政策的不满,避免发生针对政府的群体性事件。因此,政府应积极支持和鼓励社会组织和自治组织介入救灾物资发放过程,发挥社会组织、自治组织的自我监督与"熟人社会"的自我规范功能,保证救灾物资和资金发放及时、透明。政府定位为救灾政策的供给主体、救灾物资和资金的提供者、救灾过程的监督者,可以有效地降低政治风险和社会稳定风险。

2. 尽快恢复市场交易,通过市场满足灾区民众个体和家庭需求

灾害发生后,地方生产生活秩序基本中断,农业生产、企业生产、市场交易活动都会遭到破坏。在救灾安民的过程中,如何快速恢复灾区的生产活动、市场交易活动是重新建立秩序的重要手段。政府提供的基本生活救助只能满足灾区民众的衣食住行医的"暂时性"需要,个体化的、多元化的民众需求必须通过生产活动和市场行为得到满足。因此,地方政府的救灾工作应该注重引导、鼓励和支持灾区民众的农业生产、企业生产和市场交易活动,尽快让灾区恢复到灾前的经济秩序之中。同时,通过恢复生产活动和交易市场,也能够为民众提供就业机会和收入,帮助民众尽快摆脱生活困境,恢复生活信心。

3. 灾民安置工作尽可能尊重原有共同体的完整性、小聚居格局

整体上看,无论是在农村地区的村庄共同体还是城镇地区的单位共同体,都会为社会成员提供社区认同和社会支持体系,而灾害破坏了这种稳定的社会体系,使灾民在遭受灾害打击的情况下更容易产生孤独、无助等情感。在灾民安置的过程中,从规模效益的角度出发,将灾民集中安置在居住点有利于统一提供救助、加强管理。但是,这些灾民集中在救灾安置点,彼此之间不熟悉,缺乏社会网络,面对的是陌生的生活环境和人际关系,很容易将自己"弱势化"。因此,在灾民安置工作中,应该尽可能尊重灾民原有的共同体的完整性、小聚居格局,避免灾民在新的

第七章
灾害社会风险链与风险管理

居住空间中缺乏认同和社会关系网络,帮助民众重新建立社会支持体系。即使根据特定情况必须集中安置时,也应该积极帮助灾民适应新的生活和工作环境,建立相互支持、相互帮助的网络,形成新的社会支持体系。

三、引:引导灾区民众形成积极乐观心理

如何通过新闻传播来引导灾区社会舆论和民众的预期是灾后社会管理的重要工作。舆情是指在特定时间和空间内社会大多数成员对某一问题产生的看法以及由此引发的评价。一方面,舆情可以传导和扩散,对地方治理和秩序带来冲击;另一方面,舆情又是可以管理的,借助有效的信息引导可以对冲社会舆情的破坏力。舆情的基础是信息,舆情的结果是社会行动。舆情直接关系到社会成员对社会问题的认知、评价,进而引发针对这一社会问题的行动。很多社会不稳定因素与舆情有密切的关系。灾害发生后,灾区内信息数量少,真假难辨,信息传播往往比较混乱。灾区民众受到信息需求压力和舆情传播规律的影响,很容易形成群体恐慌、失望、愤怒的情绪,甚至引发针对救灾政策、救灾过程、救灾主体的抗议行动。通过灾区舆情管理,塑造良好的社会氛围,有助于缓解民众因灾受损导致的负面情绪和极端行为,为灾区恢复和重建提供支持。

1. 帮助灾区民众重新树立生活信心

当前,在灾区新闻宣传工作中,国家、政府处在宣传议程设置的中心位置。实践中存在对国家救灾责任和救灾能力的集中式宣传、夸大式宣传等现象,这会误导灾民预期,使他们形成"等、靠、要"的心理。当部分灾民预期与现实生活感受之间存在较大差距时,往往会诱发他们产生针对政府救灾工作的不满情绪。灾害新闻宣传应该以"灾民"为中心,真实反映灾民灾后生活的现状、救灾安置情况、生活中的困难、后续灾情发展

的预判等问题。通过将"灾民"放在新闻宣传工作的中心,特别是突出那些在生产自救方面作出突出表率的灾民个体,更能够激发灾民的主人翁意识,引导灾民重新建立自我人格和提升自尊感。

2. 及时消除谣言,防止误导民众

在灾害发生后,灾区民众会产生巨大的信息需求来寻求安全感。但是,由于灾情还在发生、发展过程中,灾情信息瞬息万变,民众很难获取及时、准确、全面的信息来消除内心的不安全感。此时,谣言容易滋生,并引发社会的混乱和恐慌。灾区舆情管理应该通过及时发布动态信息,向民众提供权威、准确的信息,使民众能够通过信息形成理性判断和良好预期。灾害管理部门应该尽快恢复通信设施,保证灾区民众能够及时接收到准确信息,将谣言传播空间压缩到最小。

四、断:防范灾区社会稳定风险

各类社会不稳定事件对灾区社会管理带来挑战,不仅会严重影响灾区的恢复和重建工作,还会影响到社会秩序的稳定。改革开放以来,我国逐渐形成的社会风险事前防范体制和社会矛盾调解体制发挥了积极作用,有助于防止各类社会矛盾激化、演变成社会冲突。在灾害情境下,资源约束、社会秩序和文化的突然断裂、个体和群体的心理应激障碍等因素混合在一起,容易诱发灾区民众产生各种诉求和抗争活动。相对来说,灾害管理过程中更应该注重利益调解机制、情感疏导机制以及重大社会安全风险防范机制的有效性,将灾区社会稳定风险控制在较低水平。

1. 推进灾区社会治理机制创新

积极推进灾区利益调解、心理疏导以及风险防控资源和人员的下沉,形成社区化的社会风险摸排体系和矛盾化解机制。在日常状态下,

第七章
灾害社会风险链与风险管理

各级地方政府已经建立比较完善的社会矛盾的排查机制,甚至建立了社会矛盾的网格化管理体系。在灾害情景下,地方政府应该积极推进社会矛盾综合治理资源、人员和工作机制的下沉,进入社区和安置点,通过倾听、反馈、集体协商等途径,了解灾区民众的诉求,并能够通过政策调整、政策补偿等手段满足民众的合理诉求。大多数灾区民众主要是通过情感的表达来获得社会承认,排解灾害造成的内在紧张与压力。下沉到基层社区的社会矛盾调解、反馈工作机制畅通了民意表达通道,形成透明的、开放式的利益表达和协调程序,就能够预防社会矛盾的积累,有助于防止各类矛盾酿成灾区重大群体性事件。

2. 快速重建灾区社会控制体系

各级地方政府应该高度重视灾区社会控制体系重建工作,确保及时将灾区民众纳入社会秩序框架。灾害冲击了已有的社会控制体系,个体脱离了原有的规范体系和生活模式后,容易引发个体的"失序"行为,进而诱发与他人和社会的冲突。灾后管理应该注重基层社区组织、居民自治组织的恢复,将灾民安置点也纳入基层治理体系之中,让灾区民众有集体归属感和社会规范体系。灾后管理中,也要突出警力配置在社会治安管理、犯罪威慑等方面的作用。通过社会控制体系,基层政府既能够充分了解社情民意,又能够预防各类社会安全事件,为灾区创造和谐稳定的社会秩序。

3. 妥善应对和处置灾区群体性事件

各级政府应该积极稳妥处置群众聚集事件,防止事件扩大化和社会化。各类社会矛盾演化过程往往具有"宜散不宜聚"的特点,一旦引起人群聚集就可能给后续处置造成很大的困难。灾害背景下的群体聚集事件的处置给地方各级政府带来挑战,考验他们的应急处理能力和政治担当精神。各级地方政府在应对灾区民众的群体聚集活动时,应坚持运用好处置日常群体性事件的工作机制,快速介入、封锁周边交通、与聚集群众沟通,慎用强制措施,防止事态恶化。通过优化灾区群体聚集事件的防控和应急处置机制,最大化地减小人群聚集活动的社会影响,避免灾区社会动荡。

第三节
本研究不足与展望

灾害是一种特殊的情景,冲击了原有的社会控制体系和生活模式,将社会个体成员突然投入一种"文化断裂"之中。在这种情景中,个体不仅面临着严重的心理应激障碍,也容易脱离原来的社会共同体及其规范体系,呈现"脱序"的状态,在"生存"本能的指导下,与他人产生竞争,进而引发各类矛盾和冲突。从灾害破坏力的展现过程来看,物质的损坏是暂时的,心理创伤更长久,这使得政府的救灾和安置工作面临复杂性。如果各类矛盾处置不到位,灾区的社会稳定秩序将会受到严重破坏,最终影响到灾区的恢复和重建。

本书借助对三个灾害冲突事件的研究,从结构、情感和文化的角度揭示自然灾害诱发灾区社会风险事件的过程,力图展示灾害对社会的破坏性不仅仅局限于生命与财产的"有形后果",实际上更严重的破坏性体现在社会秩序的混乱,以及由此引发的持续的社会冲突。自然灾害对社会的破坏性既可能使一个社会的个体丧失自尊和信心,走向悲观厌世的极端负面情绪,又可能催化出针对政府和政策的群体抗争行动。无论是个体的心理创伤还是整体的社会失序,都会对灾后的社会建设和社会治理埋下隐患。

但是,灾区的社会稳定又是一个非常复杂、敏感的问题。笔者在调研时发现,无论是基层政府工作人员还是灾区民众,部分人持有"灾民心

第七章
灾害社会风险链与风险管理

态",提供的信息往往非常主观、情绪化。这使得本研究经常遭遇困惑:谁的说法更可信?事情的真相是什么?每一次深入灾区调研后,笔者都需要花费大量的时间来"筛选"信息,才能够大致还原一个社会冲突事件的发生、发展过程。好在互联网时代的信息传播能够弥补一下调查研究的不足,通过图片、视频、个体网络空间能够更大程度上还原事件的过程。这很大程度上也限制了本研究的深度,毕竟灾民生活还要继续,让饱受苦难的灾民重新掀开往日的伤口也于心不忍。

未来,本项研究应该更加注重两个方面的深化:其一,在多个案例的比较基础上形成理解中国民众灾后心理和行为的理论框架,目前本研究主要侧重于三个案例过程的追踪分析,没有进行案例的比较研究,本研究的理论建构还需进一步深化。其二,研究过程中对灾民的访谈、二手数据运用较多,对政府的档案等官方资料运用较少,导致整个研究不够完整,"民"的视角比较详细,"官"的视角相对薄弱。下一步,笔者将进一步凝练本书的理论框架,并借助于多案例的比较研究,检验结构、情感、文化在灾害情景中对个体社会行为、群体社会行动塑造的机制。

参 考 文 献

一、中文著作

1. 〔美〕T. 帕森斯:《社会行动的结构》,张明德、夏翼南、彭刚译,译林出版社 2003 年版。

2. 〔美〕白凯:《长江下游地区的地租、赋税和农民的反抗斗争:1840—1950》,林枫译,上海书店出版社 2005 年版。

3. 卜风贤:《周秦汉晋时期农业灾害和农业减灾方略研究》,中国社会科学出版社 2006 年版。

4. 陈桦、刘宗志:《救灾与济贫:中国封建时代的社会救助活动(1750—1911)》,中国人民大学出版社 2005 年版。

5. 陈晓萍、徐淑英、樊景立主编:《组织与管理研究的实证方法(第二版)》,北京大学出版社 2012 年版。

6. 陈旭麓:《陈旭麓文集(第一卷)》,华东师范大学出版社 1996 年版。

7. 陈月生主编:《群体性突发事件与舆情》,天津社会科学院出版社 2005 年版。

8. 邓云特:《中国救荒史》,商务印书馆 2011 年版。

9. 刁杰成编著:《人民信访史略》,北京经济学院出版社 1996 年版。

10. 〔美〕杜赞奇:《文化、权利与国家:1900—1942 年的华北农村》,王福明译,江苏人民出版社 2003 年版。

11. 范一飞:《国民收入流程及分配格局分析》,中国人民大学出版社 1994 年版。

12. 〔美〕费斯汀格:《认知失调理论》,郑全全译,浙江教育出版社 1999 年版。

13. 费孝通:《中国绅士》,中国社会科学出版社 2006 年版。

14. 风笑天:《社会学研究方法(第二版)》,中国人民大学出版社 2005 年版。

15. 冯仕政:《西方社会运动理论研究》,中国人民大学出版社 2013 年版。

16. 〔美〕弗里曼、毕克伟、赛尔登:《中国乡村,社会主义国家》,陶鹤山译,社会科学文献出版社 2002 年版。

17. 付泉主编:《管理信息系统》,华中科技大学出版社 2013 年版。

18. 〔美〕格尔茨:《文化的解释》,韩莉译,译林出版社 2014 年版。

19. 〔法〕古斯塔夫·勒庞:《乌合之众:大众心理研究》,冯克利译,中央编译出版社 2004 年版。

20. 〔英〕哈耶克:《通往奴役之路》,王明毅、冯兴元等译,中国社会科学出版社 1997 年版。

21. 〔美〕亨廷顿:《文明的冲突与世界秩序的重建(修订版)》,周琪等译,新华出版社 2010 年版。

22. 《化学化工大辞典》编委会、化学工业出版社辞书编辑部编:《化学化工大辞典》,化学工业出版社 2003 年版。

23. 〔美〕黄仁宇:《万历十五年(增订纪念本)》,中华书局 2006 年版。

24. 〔美〕科塞:《社会冲突的功能》,孙立平等译,华夏出版社 1989 年版。

25. 孔志国编:《信任的危机——中国当代社会热点问题十三讲》,团结出版社 2003 年版。

26. 〔美〕兰德尔·柯林斯:《暴力:一种微观社会学理论》,刘冉译,北京大学出版社 2016 年版。

27. 李静:《刺猬札记:一个爱智者的文化漫谈》,秀威资讯科技股份有限公司2009年版。

28. 李敏:《制度如何制造不平等——一个北方城市贫困女性社会排斥的制度分析》,中国社会科学出版社2015年版。

29. 李强:《社会分层与贫富差别》,鹭江出版社2000年版。

30. 李庆霞:《社会转型中的文化冲突》,黑龙江人民出版社2004年版。

31. 李细珠:《地方督抚与清末新政》,社会科学文献出版社2012年版。

32. 卢春龙、严挺:《中国农民政治信任的来源:文化、制度与传播》,社会科学文献出版社2016年版。

33. 吕思勉:《中国制度史》,上海教育出版社1985年版。

34. 〔美〕罗威廉:《救世——陈宏谋与十八世纪中国的精英意识》,陈乃宣等译,中国人民大学出版社2013年版。

35. 〔美〕米切尔·K.林德尔、卡拉·普拉特、罗纳德·W.佩里:《应急管理概论》,王宏伟译,中国人民大学出版社2011年版。

36. 钱钢:《唐山大地震》,当代中国出版社2005年版。

37. 〔美〕乔纳森·卡恩:《预算民主:美国的国家建设和公民权(1890—1928)》,叶娟丽等译,格致出版社、上海人民出版社2008年版。

38. 瞿同祖:《清代地方政府》,范忠信等译,法律出版社2003年版。

39. 〔法〕塞奇·莫斯科维奇:《群氓的时代》,许列民、薛丹云、李继红译,江苏人民出版社2006版。

40. 邵晓芙:《辛亥革命前十年间浙江民变问题研究》,中国社会科学出版社2011年版。

41. 〔美〕斯蒂芬·范埃弗拉:《政治学研究方法指南》,陈琪译,北京大学出版社2006年版。

42. 孙立平:《断裂:20世纪90年代以来的中国社会》,社会科学文献出版社 2003 年版。

43．孙绍骋：《中国救灾制度研究》，商务印书馆 2004 年版。

44．唐钧：《社会稳定风险评估与管理》，北京大学出版社 2015 年版。

45．〔美〕托马斯·C.谢林：《微观动机与宏观行为》，谢静、邓子梁、李天有译，中国人民大学出版社 2005 年版。

46．〔美〕王国斌：《转变的中国：历史变迁与欧洲经验的局限》，李伯重、连玲玲译，江苏人民出版社 1998 年版。

47．王亚南：《中国官僚政治研究》，中国社会科学出版社 1981 年版。

48．〔法〕魏丕信：《18 世纪中国的官僚制度与荒政》，徐建青译，江苏人民出版社 2003 年版。

49．〔德〕乌尔里希·贝克：《风险社会》，何博闻译，译林出版社 2003 年版。

50．吴敬琏：《吴敬琏文集（下）》，中央编译出版社 2013 年版。

51．许纪霖：《家国天下》，上海人民出版社 2017 年版。

52．薛婷：《社会认同的逻辑：集体行动的理性与感性之争》，清华大学出版社 2017 年版。

53．阎守诚主编：《危机与应对：自然灾害与唐代社会》，人民出版社 2008 年版。

54．〔美〕杨庆堃：《中国社会中的宗教（修订版）》，范丽珠译，四川人民出版社 2016 年版。

55．应星：《大河移民上访的故事》，生活？读书？新知三联书店 2001 年版。

56．袁宏永等：《突发事件及其链式效应理论研究与应用》，科学出版社 2016 年版。

57．张东生主编：《中国居民收入分配年度报告（2011）》，经济科学出版社 2012 年版。

58. 张和清等:《灾害社会工作——中国的实践与反思》,社会科学文献出版社 2011 年版。

59. 张静:《基层政权:乡村制度诸问题(增订本)》,上海人民出版社 2007 年版。

60. 赵鼎新:《社会与政治运动讲义(第二版)》,社会科学文献出版社 2012 年版。

61. 郑世平:《大地呻吟》,南方家园出版社 2013 年版。

62. 郑欣:《乡村政治中的博弈生存》,中国社会科学出版社 2005 年版。

63. 中国灾害防御协会、国家地震局震灾防御司编:《中国减灾重大问题研究》,地震出版社 1992 年版。

64. 〔美〕周锡瑞:《改良与革命——辛亥革命在两湖》,杨慎之译,江苏人民出版社 2007 年版。

二、中文期刊论文

1. 白新文、任孝鹏、郑蕊、李纾:《5·12 汶川地震灾区居民的心理和谐状况及与政府满意度的关系》,载《心理科学进展》2009 年第 3 期。

2. 陈颀、吴毅:《群体性事件的情感逻辑:以 DH 事件为核心案例及其延伸分析》,载《社会》2014 年第 1 期。

3. 陈升、吕志奎、罗桂连:《非常态下地方政府政策执行评价比较研究——以汶川地震灾后重建政策为例》,载《公共管理学报》2010 年第 4 期。

4. 陈涛、李素霞:《"造势"与"控势":环境抗争中农村精英的辩证法》,载《西北农林科技大学学报(社会科学版)》2015 年第 4 期。

5. 陈阳:《框架分析:一个亟待澄清的理论概念》,载《国际新闻界》2007 年第 4 期。

参考文献

6. 崔泽林、郭晓奎:《食物链中抗生素耐药性基因的转移》,载《中国微生态学杂志》2011年第1期。

7. 杜涛:《清末十年民变研究述评》,载《福建论坛(人文社会科学版)》2004年第7期。

8. 范斌、赵欣:《结构、组织与话语:社区动员的三维整合》,载《学术界》2012年第8期。

9. 范海军、肖盛燮、郝艳广、周丹、贺丽丽:《自然灾害链式效应结构关系及其复杂性规律研究》,载《岩石力学与工程学报》2006年Z1期。

10. 方文:《群体资格:社会认同事件的新路径》,载《中国农业大学学报(社会科学版)》2008年第1期。

11. 付佳兵、董守斌:《一种基于词覆盖的新闻事件脉络链构建方法》,载《北京大学学报(自然科学版)》2016年第1期。

12. 付燕鸿:《1940年代"中原大灾荒"中的民变研究》,载《福建论坛(人文社会科学版)》2016年第4期。

13. 葛敏、陈晓平、吴凤平:《基于灾害链情景下应急资源网络优化的配置策略》,载《统计与决策》2017年第22期。

14. 贡森、李秉勤:《中国的不平等问题:现状、原因及建议(1978~2013)》,载《社会政策评论》2014年第1期。

15. 管兵:《维权行动和基层民主参与——以B市商品房业主为例》,载《社会》2015年第5期。

16. 管玥:《政治信任的层级差异及其解释:一项基于大学生群体的研究》,载《公共行政评论》2012年第2期。

17. 郭巍青、黄岩:《日常生活中的权力和政治——以下塘村修祠为例》,载《开放时代》2005年第2期。

18. 郭小安:《社会抗争中的理性与情感的选择方式及动员效果——基于十年120起事件的统计分析(2007—2016)》,载《国际新闻界》2017年第11期。

19. 郭增建、秦保燕:《灾害物理学简论》,载《灾害学》1987 年第 2 期。

20. 哈斯、张继权、佟斯琴、李思佳:《灾害链研究进展与展望》,载《灾害学》2016 年第 2 期。

21. 洪春霞、李宁:《具有链式结构的企业运行模式及内部作用机理研究》,载《社会科学战线》2012 年第 5 期。

22. 侯光辉、王元地:《"邻避风险链":邻避危机演化的一个风险解释框架》,载《公共行政评论》2015 年第 1 期。

23. 胡荣:《农民上访与政治信任的流失》,载《社会学研究》2007 年第 3 期。

24. 〔美〕怀默霆:《中国民众如何看待当前的社会不平等》,郭茂灿译,载《社会学研究》2009 年第 1 期。

25. 奂平清:《农村居民的社会分化及社会整合的政策调适》,载《中国人民大学学报》2005 年第 2 期。

26. 黄冠佳、温思美:《自然灾害、人口压力与清代农民起义》,载《华南农业大学学报(社会科学版)》2018 年第 5 期。

27. 黄顺康:《论构建重大群体性事件的源头阻断机制》,载《国家行政学院学报》2011 年第 3 期。

28. 黄晓星、戴玥:《中国农民分配公平感的制度安排逻辑》,载《南京农业大学学报(社会科学版)》2017 年第 6 期。

29. 季玉群、吴秋怡:《信息传播链视角下国产艺术电影的网络营销及其价值提升》,载《艺术百家》2016 年第 5 期。

30. 李建宗:《仪式与意识:对丧葬的解析》,载《文化学刊》2008 年第 2 期。

31. 李武军、黄炳南:《基于政策链范式的我国低碳经济政策研究》,载《中州学刊》2010 年第 5 期。

32. 李艳霞:《当代中国政治信任研究的缘起、方法和理论论争》,载

《厦门特区党校学报》2011年第2期。

33. 李永祥:《干旱灾害的西方人类学研究述评》,载《民族研究》2016年第3期。

34. 李友梅:《从财富分配到风险分配》,载《社会》2008年第6期。

35. 李振宏:《"不患寡而患不均"的解说》,载《二十一世纪》2005年6月号。

36. 李智超、孙中伟、方震平:《政策公平、社会网络与灾后基层政府信任度研究——基于汶川灾区三年期追踪调查数据的分析》,载《公共管理学报》2015年第4期。

37. 连帅磊、姚良爽、孙晓军、周宗奎:《被动性社交网站使用与初中生抑郁的关系:链式中介效应分析》,载《心理科学》2018年第4期。

38. 刘爱华、吴超:《基于复杂网络的灾害链风险评估方法的研究》,载《系统工程理论与实践》2015年第2期。

39. 刘宝霞、彭宗超:《风险、危机、灾害的语义溯源——兼论中国古代链式风险治理流程思路》,载《清华大学学报(哲学社会科学版)》2016年第2期。

40. 刘氚、何绍辉:《日常生活中的诉苦:作为一种抗争技术》,载《求索》2014年第2期。

41. 刘杰:《框架建构、身份认同与激情政治:集体行动研究中的文化范式》,载《江海学刊》2017年第5期。

42. 刘能:《社会运动理论:范式变迁及其与中国当代社会研究现场的相关度》,载《江苏行政学院学报》2009年第4期。

43. 刘涛:《情感抗争:表演式抗争的情感框架与道德语法》,载《武汉大学学报(人文科学版)》2016年第5期。

44. 刘武、杨雪:《论政府公共服务的顾客满意度测量》,载《东北大学学报(社会科学版)》2006年第2期。

45. 刘欣、胡安宁:《中国公众的收入公平感:一种新制度主义社会学的解释》,载《社会》2016 年第 4 期。

46. 刘中起、孙时进:《情感与效能:集体行动中群体认同的理论与实践视阈》,载《西南民族大学学报(人文社会科学版)》2016 年第 8 期。

47. 陆学艺:《重新认识农民问题》,载《社会学研究》1989 年第 6 期。

48. 吕涛:《因果理论的结构与类型——社会科学理论建构的方法论思考》,载《西北师大学报(社会科学版)》2012 年第 1 期。

49. 罗贤春、余波、姚明:《信息链视角的电子政务发展阶段分析》,载《图书馆学研究》2014 年第 6 期。

50. 马得勇:《政治信任及其起源——对亚洲 8 个国家和地区的比较研究》,载《经济社会体制比较》2007 年第 5 期。

51. 马俊军、王贞贞:《压力性生活事件对大学生生活满意度的影响:链式多重中介模型》,载《中国临床心理学杂志》2018 年第 4 期。

52. 孟天广:《转型期中国公众的分配公平感:结果公平与机会公平》,载《社会》2012 年第 6 期。

53. 倪星、孙宗峰:《政府反腐败力度与公众清廉感知:差异及解释——基于 G 省的实证分析》,载《政治学研究》2015 年第 1 期。

54. 彭玉生:《社会科学中的因果分析》,载《社会学研究》2011 年第 3 期。

55. 曲博:《因果机制与过程追踪法》,载《世界经济与政治》2010 年第 4 期。

56. 任军锋:《中国当代政治中的"公"与"私"》,载《二十一世纪》2013 年 2 月号。

57. 上官酒瑞:《中国政治信任的现状及其风险》,载《理论与改革》2011 年第 5 期。

58. 沈毅:《"家""国"关联的历史社会学分析——兼论"差序格局"的宏观建构》,载《社会学研究》2008 年第 6 期。

59. 史培军:《三论灾害研究的理论与实践》,载《自然灾害学报》2002年第3期。

60. 史培军:《五论灾害系统研究的理论与实践》,载《自然灾害学报》2009年第5期。

61. 史培军:《灾害研究的理论与实践》,载《南京大学学报(自然科学版)》1991年第11期。

62. 田锋:《晚清内蒙古地区民变诱因探析》,载《内蒙古社会科学(汉文版)》2014年第3期。

63. 田文利:《信访制度改革的理论分析和模式选择》,载《社会科学前沿》2005年第2期。

64. 万红莲、宋海龙、朱婵婵、张咪:《明清时期宝鸡地区旱涝灾害链及其对气候变化的响应》,载《地理学报》2017年第1期。

65. 汪华、陈玮:《地缘网络、乡土意识与农民工集体抗争》,载《学术界》2016年第1期。

66. 王金红:《案例研究法及其相关学术规范》,载《同济大学学报(社会科学版)》2007年第3期。

67. 王克稳、徐会奇:《国外旅游供应链研究综述》,载《中国流通经济》2012年第5期。

68. 王天有:《万历天启时期的市民斗争和东林党议》,载《北京大学学报(哲学社会科学版)》1984年第2期。

69. 王循庆、李勇建、孙华丽:《基于随机Petri网的群体性突发事件情景演变模型》,载《管理评论》2014年第8期。

70. 王毅杰、乔文俊:《中国城乡居民政府信任及其影响因素》,载《南京社会科学》2014年第8期。

71. 王哲、顾昕:《价值观与民众的腐败容忍度:一项跨国性研究》,载《新疆师范大学学报(哲学社会科学版)》2017年第1期。

72. 尉建文、谢镇荣:《灾后重建中的政府满意度——基于汶川地震的经验发现》,载《社会学研究》2015年第1期。

73. 魏海涛:《社会学中的机制解释》,载《社会学评论》2017年第6期。

74. 魏晖晖:《"传播链"和舆论引导——以"微笑姐"事件为例》,载《新闻界》2011年第3期。

75. 魏万青:《情感、理性、阶层身份:多重机制下的集体行动参与——基于CGSS2006数据的实证研究》,载《社会学评论》2015年第3期。

76. 夏玉珍、卜清平:《风险分配对社会结构的型塑》,载《湖北社会科学》2015年第7期。

77. 谢金林:《情感与网络抗争动员——基于湖北"石首事件"的个案分析》,载《公共管理学报》2012年第1期。

78. 谢宇:《认识中国的不平等》,载《社会》2010年第3期。

79. 徐富明、史燕伟、李欧、张慧、李燕:《民众收入不公平感的机制与对策——基于参照依赖和损失规避双视角》,载《心理学进展》2016年第5期。

80. 徐琳、王济干、樊传浩:《授权型领导对员工亲组织非伦理行为的影响:一个链式中介模型》,载《科学学与科学技术管理》2018年第6期。

81. 徐竹:《当代社会科学哲学的因果机制理论述评》,载《哲学动态》2012年第3期。

82. 薛可、余来辉、余明阳:《媒体使用、政治信任与腐败感知——以中国网民为对象的实证研究》,载《吉首大学学报(社会科学版)》2018年第6期。

83. 杨宝琰、万明钢:《乡村中学生基督徒的文化冲突与文化适应》,载《社会》2011年第4期。

84. 杨灵:《社会运动的政治过程》,载《社会学研究》2009年第

1期。

85. 杨善华、孙飞宇:《作为意义探究的深度访谈》,载《社会学研究》2005年第5期。

86. 杨乙丹:《群体性事件的链式演化与断链防控治理》,载《甘肃社会科学》2013年第5期。

87. 应星:《"气"与中国乡村集体行动的再生产》,载《开放时代》2007年第6期。

88. 游宇、黄一凡、庄玉乙:《自然灾害与政治信任:基于汶川大地震的自然实验设计》,载《社会》2018年第5期。

89. 余红、吴雨倩、晏慧思:《网络抗争事件的情绪传播和引导——以山东辱母案为例》,载《情报杂志》2018年第5期。

90. 余雯、闫巩固、黄志华:《决策中的过程追踪技术:介绍与展望》,载《心理科学进展》2013年第4期。

91. 袁柏顺:《公众腐败感知与腐败的民间传说——基于C市城区公众腐败感知调查的一项研究》,载《公共行政评论》2016年第3期。

92. 岳磊:《制度、文化与传播对公众腐败容忍度的影响:基于对河南省居民的调查分析》,载《武汉大学学报(哲学社会科学版)》2017年第4期。

93. 张春颜、闫耀军:《重大灾害引发"后发危机"的生成机理与防控策略研究——基于典型案例的对比分析》,载《上海行政学院学报》2016年第6期。

94. 张欢、任婧玲、刘倩:《析灾后救助政策公平感的影响因素——基于汶川地震的实证研究》,载《南京大学学报(哲学·人文科学·社会科学)》2011年第3期。

95. 张欢、任婧玲:《灾后救助政策公平感的测量——基于玉树地震灾区的研究》,载《北京师范大学学报(社会科学版)》2011年第6期。

96. 张静秋、汤永隆、邓丽俐、刘玲爽、赵玉芳、胡丽:《5·12四川地震灾民社会支持的调查》,载《心理科学进展》2009年第3期。

97. 张梅芳:《1911年苏州水灾及民变述评》,载《兰台世界》2013年第27期。

98. 张梦中、〔美〕马克·霍哲:《案例研究方法论》,载《中国行政管理》2002年第1期。

99. 张昱:《灾民文化与社会工作的介入》,载《社会》2009年第3期。

100. 张远煌、彭德才:《民众的腐败容忍度:实证研究与启示——基于世界价值观调查数据的分析》,载《厦门大学学报(哲学社会科学版)》2017年第1期。

101. 赵鼎新:《西方社会运动与革命理论发展之述评——站在中国的角度思考》,载《社会学研究》2005年第1期。

102. 赵旭东、辛允星:《否定的逻辑:汶川地震灾区民众的情感认知冲突及其转换》,载《中国农业大学学报(社会科学版)》2010年第2期。

103. 郑雯、黄荣贵、桂勇:《中国抗争行动的"文化框架"——基于拆迁抗争案例的类型学分析(2003—2012)》,载《新闻与传播研究》2015年第2期。

104. 周利敏:《社会建构主义:西方灾害社会科学研究的新范式》,载《国外社会科学》2015年第1期。

105. 周利敏:《重大灾害中的集体行动及类型化分析》,载《北京行政学院学报》2011年第6期。

106. 周敏、王晗宁:《社会运动参与动机的整合模型:以我国反日游行为例》,载《清华社会学评论》2017年第1期。

107. 朱诚:《不平等、社会冲突与群体性事件的经济学分析——基于精英阶层与社会大众资源投入和收入分配的视角》,载《浙江学刊》2014年第2期。

108. 朱春奎、毛万磊:《政府信任的概念测量、影响因素与提升策略》,载《厦门大学学报(哲学社会科学版)》2017年第3期。

三、英文著作

1. Alexander L. George & Andrew Bennett, *Case Studies and Theory Development in the Social Science*, MIT Press, 2005.

2. D. Alexander, *Natural Disasters*, UCL Press, 1993.

3. David Hume, *An Enquiry Concerning Human Understanding*, edited by Tom L. Beaucham, Oxford University Press, 1999.

4. Derek Beach & Rasmus Brun Pedersen, *Process-Tracing Methods: Foundations and Guidelines*, University of Michigan Press, 2013.

5. Erving Goffman, *Frame Analysis*, Harvard University Press, 1974.

6. Gary Wolfe Marks, *Unions in Politics: Britain, Germany, and the United States in the Nineteenth and Early Twentieth Centuries*, Princeton University Press, 1989.

7. Gunnar Myrdal, *Asian drama: An Inquiry into the Poverty of Nations*, Pantheon, 1972.

8. M. E. Porter, *Competitive Advantage: Creating and Sustaining Superior Performance*, Free Press, 1985.

9. Neil J. Smelser, *Theory of Collective Behavior*, Free Press, 1962.

10. Ted Robert Gurr, *Why Men Rebel*, Princeton University Press, 1971.

四、英文期刊论文

1. Ann Swilder, Culture in Action: Symbols and Strategies *Sociological Review*, Vol. 51, No. 2, 1986.

2. B. V. Gorp, The Constructionist Approach to Culture Back in, *Journal of Communication*, Vol. 57

3. David A. Snow et al., Frame Alignment Processes, Micromobilization, and Movement Participation, *American Sociological Review*, Vol. 51, No. 4, 1986.

4. David A. Snow & Robert D. Benford, Ideology, Frame Resonance, and Participant Mobilization, *International Social Movement Research*, Vol. 1, 1988.

5. E. A. Morash, Supply Chain Strategies, Capabilities, and Performance, *Transportation Journal*, Vol. 41, No. 1, 2001.

6. F. Glenn Abney & Larry B. Hill, Natural Disasters as a Political Variable: The Effect of a Hurricane on an Urban Election, *American Political Science Review*, Vol. 60, No. 4, 1966.

7. G. Gereffi, J. Humphrey, & T. Sturgeon, The Governance of Global Value Chains, *Review of International Political Economy*, Vol. 12, No. 1, 2005.

8. Guillermina Jasso & Bernd Wegener, Methods for Empirical Justice Analysis: Part 1, Framework, Models, and Quantities, *Social Justice Research*, Vol. 10, No. 4, 1997.

9. H. A. Semetko & P. M. Valkenburg, Framing European Politics: A ntent Analysis of Press and Television News, *Journal of Communication*, 0, No. 2, 2000.

I. M. Jasper, Emotions and Social Movements: Twenty Years of esearch, *Annual Review of Sociology*, Vol. 37, 2011.

ng Li, Political Trust in Rural China, *Modern China*,

n, The Impact of Corruption on Regime Legitimacy: our Latin American Countries, *The Journal of*

13. M. Bunge, Mechanism and Explanation, *Philosophy of the Social Sciences*, Vol. 27, No. 4, 1997.

14. P. Machamer, L. Darden, & C. Craver, Thinking About Mechanisms, *Philosophy of Science*, Vol. 67, No. 1, 2000.

15. Rajeev K. Goel, Michael A. Nelson, & Michael A. Naretta, The Internet as an Indicator of Corruption Awareness, *European Journal of Political Economy*, Vol. 28, No. 1, 2012.

16. R. N. Cardozo, An Experimental Study of Customer Effort, Expectation, and Satisfaction, *Journal of Marketing Research*, Vol. 2, No. 3, 1965.

17. Saundra Schneider, Who's to Blame? (Mis) Perceptions of the Intergovernmental Response to Disasters, *Publius*, Vol. 38, No. 4, 2008.

18. S. Groeneveld, L. Tummers, B. Bronkhorst, et al., Quantitative Methods in Public Administration: Their Use and Development Through Time, *International Public Management Journal*, Vol. 18, No. 1, 2015.

19. T. Gustafson & D. Fink, Winning Within the Data Value Chain, *Strategy & Innovation Newsletter*, Vol. 11, No. 2, 2013.

20. Tim Groeling & Matthew A. Baum, Crossing the Water's Edge: Elite Rhetoric, Media Coverage, and the Rally-Round-the-Flag Phenomenon, *The Journal of Politics*, Vol. 70, No. 4, 2008.

21. Williams Gamson & Andre Modigliani, Media Discourse and Public Opinion on Nuclear Power: A Constructionist Approach, *American Journal of Sociology*, Vol. 95, No. 1, 1989.

22. William H. Sewell, Jr., Ideologies and Social Revolutions: Reflections on the French Case, *The Journal of Modern History*, Vol. 57, No. 1, 1985.